René Daumal

Der Berg Analog

Titel der Originalausgabe:
Le Mont Analogue. Roman d'aventures alpines, non euclidiennes et symboliquement authentiques, Editions Gallimard, Paris 1952
Aus dem Französischen von Amay Franck
Titel-Foto von Paus Zimmermann

Gestaltung, Satz und Repro:
VAW Schiemann, Strinz Margarethä

ISBN: 978-3-945115-09-1

René Daumal

Der Berg Analog

Ein nicht-euklidischer,
im symbolischen Sinn authentischer
alpinistischer Abenteuerroman.

Wiederentdeckt und mit einem
Nachklang versehen
von Paul Zimmermann.

DRP Rosenkreuz Verlag

Inhalt:

Vorwort

René Daumal wurde am 16. März 1908 in den Ardennen in Frankreich geboren, er starb am 21. Mai 1944 im Alter von 36 Jahren in Paris an Tuberkulose. Noch keine zwanzig, gründete er mit Freunden die Gruppe *Le Grand Jeu*, die eine eigene Literaturzeitschrift herausgab. Er wurde Teil der Literaturszene im Paris der 1930er Jahre, hatte eine Affinität zu den Surrealisten und befasste sich intensiv mit hinduistischer Philosophie und Religion. Als Autodidakt lernte er Sanskrit und übersetzte Texte der Veden, der Upanishaden und der Baghavad Gita aus dem Sanskrit, das er als seine eigentliche Muttersprache erkannte. Für einige Zeit arbeitete er für den Tänzer Udai Shankar, Bruder des legendären Sitar-Spielers Ravi Shankar. Nach einer Reise mit Udai Shankar durch die USA 1932, kehrte er nach Paris an die Sorbonne zurück und schloss seine Studien in Ethik, Psychologie und Soziologie ab. Er veröffentlichte regelmäßig in der *Nouvelle Revue Française*, übersetzte Werke von Daisetsu Teitaro Suzuki und Ernest Hemingway und schrieb Gedichte, Kritiken und Essays.

Daumals Werk ist weniger Ausdruck des ungestümen Drangs, etablierte Genres des Literaturbetriebs aufzubrechen, der typisch für die Avantgarde dieser Zeit war, als Zeugnis einer tiefen Sinnsuche. Er war Kind seiner Zeit und folgte gleichzeitig in einer inneren Distanz zu seiner Zeit seinem rastlosen Drang nach

inneren Wahrheiten. So war es kein Zufall, dass er über Alexandre de Salzmann und dessen Frau Jeanne in Kontakt mit den Lehren von Georges I. Gurdjieff kam, in denen er westliche und östliche Strömungen zusammenfließen sah.
Zwei Romane gingen aus Daumals Feder hervor: *La grande beuverie* (1938) und der unvollendete Roman *Le Mont Analogue. Roman d'aventures alpines, non euclidiennes et symboliquement authentiques,* der erst 1952 posthum zusammen mit einem Nachwort seiner Frau Véra herausgegeben wurde. Der Analog war André de Salzmann gewidmet und gilt als Höhepunkt seines Schaffens; er entstand in den französischen Alpen und den Pyrenäen, nachdem Daumal von seiner tödlichen Krankheit erfahren hatte. Renés jüngerer Bruder war offenbar der erfahrene Kletterer, der ihn in die Technik des Bergsteigens einführte[1]. Als das Buch 1964 auf Deutsch erschien, spottete der SPIEGEL: „... witzreich-originell und nützlich wie eine Alchimisten-Formel“[2], während in Frankreich längst eine Rezeption des Werks von René Daumal stattfand und die weit über die Zeit hinausreichende Wirkung des Analog gewürdigt wurde.
Das Buch stellt eine Allegorie auf die Lebensreise eines Menschen dar, der sich auf der Suche nach seinem inneren Selbst mit Gleichgesinnten zusammenfindet, um den mystischen Berg Analog zu finden und zu besteigen; *„sein Gipfel [muss] unzugänglich, sein Fuß jedoch zugänglich sein. Er muss der einzige seiner Art sein, und er muss geographisch existieren. Die Pforte des Unsichtbaren muss sichtbar sein.“*[3] In der Beschreibung dieser Reise und des Aufstiegs erweist sich Daumal als Meister der metaphorischen Verknüpfung von Realität und Idealität in einer radikalen Sinnsuche. In-

sofern stellt das Buch ein echtes Lebensbuch dar. Die Tatsache, dass es unvollendet blieb und von den fehlenden Kapiteln nur Notizen existieren, verstärkt seine suggestive Wirkung und öffnet Raum für Interpretationen. Daumals unnachahmlich direkte Sprache, seine Treffsicherheit im Ausdruck, seine unerschöpfliche Erfindungsgabe in den feinen Details und der große (unvollendete) Bogen der Erzählung verleihen dem Analog die Einzigartigkeit des vollkommenen Fragments.

Anstelle eines Nachworts enthält diese Publikation einen fiktiven Nachklang zur Geschichte des Analog, der versucht, den narrativen Bogen bis in die heutige Zeit zu spannen, aber in keiner Weise den Anspruch erhebt, das Werk René Daumals in der von ihm beabsichtigten Weise weiter oder gar zu Ende zu führen.

Aus den Notizen René Daumals geht hervor, dass das letzte Kapitel des Analog eine direkte Brücke zum Leser schlagen sollte. Es sollte den Titel erhalten, mit dem wir diese editorische Vorbemerkung abschließen:

„Und du, was suchst du?“[4]

Frankfurt im Mai 2017, Paul Zimmermann

Erstes Kapitel,
welches das Kapitel der Begegnung ist.

Neues im Leben des Autors – die symbolischen Berge – ein ernsthafter Leser – Alpinismus in der „Passage des Patriarchen" – Vater Sogol – ein Zimmerpark und ein nach außen gestülptes Gehirn – die Kunst, miteinander bekannt zu werden – der Mann, der die Gedanken gegen den Strich bürstet – Geständnisse – ein satanisches Kloster – wie der Teufel vom Dienst einen erfindungsreichen Mönch in Versuchung führte – die fleißige Physika – die Krankheit des Vaters Sogol – eine Fliegengeschichte – die Angst vor dem Tod – mit heißem Herzen und kaltem Verstand – ein verrückter Plan, der auf eine einfache trigometrische Aufgabe reduziert wird – ein psychologisches Gesetz

Was ich im Folgenden erzähle, begann mit dem Anblick einer mir unbekannten Schrift auf einem Briefumschlag. Er trug die Adresse der Zeitschrift für Paläontologie, deren Mitarbeiter ich war und die mir den Brief nachgeschickt hatte. Die Schrift zeigte eine Mischung aus Gewalttätigkeit und Sanftheit. Und während ich mir noch Fragen über den Absender und den möglichen Inhalt des Briefes stellte, tauchte in mir ein vages, aber unabweisliches Vorgefühl auf. Es war ein Bild, das Bild des „Steinwurfs in einen Froschteich". Von seinem Grund stieg wie eine Luftblase das Eingeständnis auf, dass mein Leben seit einiger Zeit stagnierte. Als ich den Brief endlich öffnete, hätte ich deshalb nicht sagen können, ob er auf mich wie ein erfrischender oder eher abkuhlender Lufthauch wirkte.
Dieselbe rasche und zügige Schrift – nahezu atemlos:

„Monsieur, ich habe Ihren Artikel über den Berg Analog gelesen. Bisher hielt ich mich für den Einzigen, der von seiner Existenz überzeugt war. Nun sind wir schon zwei, morgen vielleicht sogar zehn, und die Expedition wird möglich. Wir müssen so schnell es geht Kontakt zueinander aufnehmen. Rufen Sie mich baldmöglichst unter einer der unten angegebenen Nummern an. Ich warte darauf.

Pierre Sogol, 37, Passage des Patriarchen, Paris"

(Es folgten ein halbes Dutzend Telefonnummern, unter denen ich ihn, je nach Tageszeit, erreichen konnte.)

Ich hatte den Artikel, auf den der Briefschreiber anspielte und der vor annähernd drei Monaten im Mai-Heft der Zeitschrift für Paläontologie erschienen war, fast vergessen.
Einerseits schmeichelte mir das Interesse, das mir ein unbekannter Leser dafür entgegenbrachte, andererseits empfand ich ein gewisses Unbehagen, ein literarisches Produkt meiner Fantasie, das mich damals zwar begeistert hatte, inzwischen aber nur noch eine blasse und erkaltete Erinnerung war, derart ernst, ja geradezu tragisch, genommen zu sehen.
Ich überlas den Artikel noch einmal. Es handelte sich um eine nicht sehr gründliche Studie über die Symbolbedeutung des Berges in der Mythologie. Die verschiedenen Zweige der Symbolik, von denen ich mir naiverweise einbildete, etwas zu verstehen, waren schon lange eine meiner Lieblingsbeschäftigungen. Hinzu kam, dass ich das Gebirge auch als Alpinist leidenschaftlich liebte. Die Vereinigung dieser beiden so verschiedenen Formen des Interesses am selben Gegenstand – dem Berg – hatte einigen Stellen meines Artikels eine lyrische Färbung gegeben (So unvereinbar eine solche Vereinigung auch manchmal erscheinen mag, bei der Entstehung dessen, was man Poesie zu nennen pflegt, spielt sie eine große Rolle. Ich schreibe diesen Hinweis für Kritiker und Ästhetiker, die sich bemühen, dieser geheimnisvollen Art der Sprache auf den Grund zu kommen.)
In der Tradition der Fabel, so hatte ich sinngemäß geschrieben, bildet der Berg das Bindeglied zwischen Erde und Himmel. Sein Gipfel reicht bis ans Reich der Ewigkeit, seine reich verzweigten Wurzeln fußen im Land der Sterblichen. Es ist der Weg, auf dem der Mensch zum Göttlichen aufsteigen und das Gött-

liche sich dem Menschen offenbaren kann. Die Patriarchen und Propheten des Alten Testaments sahen Gott von Angesicht zu Angesicht an hoch gelegenen Orten. Für Moses sind das der Sinai und der Nebo, im Neuen Testament sind es der Ölberg und Golgatha. In meinen Überlegungen ging ich so weit, das alte Symbol des Berges auch in den klugen Konstruktionen der Pyramiden der Ägypter und Chaldäer wiederzufinden. Von da ging ich zu den Ariern über, erinnerte an die dunklen Legenden der Veden, in denen es vom Soma, dem „Saft“, der der „Same der Unsterblichkeit“ ist, heißt, dass es in seiner lichtartigen Form, „im Berg“ wohne. In Indien gilt der Himalaya als Wohnsitz Shivas und seiner Gemahlin, der „Tochter des Berges“, sowie der „Mütter der Welten“ – ganz ähnlich wie in Griechenland der König der Götter auf dem Olymp Hof hielt. In der griechischen Mythologie wurde das Symbol noch ergänzt durch die Erzählung von einem Aufstand der Kinder der Erde, die mit ihrer irdischen Natur und mit irdischen Mitteln versuchen, den Olymp mit ihren irdischen Füßen zu stürmen und in den Himmel einzudringen. War das übrigens nicht das gleiche Unternehmen, an welchem sich die Erbauer des Turms von Babel versuchten, die ebenfalls ins Reich des Unnennbaren gelangen wollten, ohne ihren persönlichen Ehrgeiz abzulegen? In China war von den „Bergen der Glückseligen“ die Rede, und die alten Weisen pflegten ihre Schüler am Rand von Abgründen zu versammeln.

Nachdem ich so die bekanntesten Mythologien durchforstet hatte, war ich zu allgemeinen Betrachtungen über die Natur der Symbole übergegangen. Ich unterteilte sie in zwei Klassen: diejenigen, die nur Proportionsgesetzen zu genügen brauchen, und die-

jenigen, die darüber hinaus Gesetzen der Größenordnung unterliegen. Die angegebene Unterscheidung ist schon oft gemacht worden, ich wiederhole sie trotzdem: Wenn wir von Proportionen sprechen, sprechen wir über die Größenverhältnisse der verschiedenen Teile zueinander. Symbole, die dem Gesetz der Größenordnung unterliegen, berücksichtigen das Verhältnis ihrer Größe zu den Maßen des menschlichen Körpers. Ein gleichschenkliges Dreieck zum Beispiel – das Symbol der Trinität – hat, egal wie groß es ist, immer denselben Wert. Was geschieht jedoch, wenn Sie eine Kathedrale auf dreißig oder vierzig Zentimeter Höhe verkleinern? Ihrer Form und deren Verhältnissen nach wird diese Verkleinerung auch dann noch die rationale Bedeutung des Gebäudes vermitteln, wenn man die Einzelheiten mit der Lupe studieren muss. Aber sie wird nicht mehr die gleichen Emotionen auslösen, nicht mehr die gleiche Körperhaltung herausfordern, weil sie hinter der für eine Kathedrale vorgeschriebenen Größenordnung zurückbleibt. Im Fall des symbolischen Berges par excellance nun – ich schlug vor, ihn den Berg Analog zu nennen – ist diese Größenordnung dadurch bestimmt, dass er mit gewöhnlichen menschlichen Mitteln nicht zugänglich sein darf. Sind aber nicht der Sinai, der Nebo, sogar der Olymp, längst zu Touristenzielen geworden?
Selbst die höchsten Gipfel des Himalaya gelten heute nicht mehr als unzugänglich. Alle diese Berge haben also ihre Analogiekraft verloren. Das Symbol hat seine Zuflucht zu Bergen nehmen müssen, die wie der Meru der Hindus rein legendär sind. Wenn aber der Meru der Hindus – wenn ich mich auf dieses Beispiel beschränke – nicht mehr geographisch zu orten ist, kann er auch nicht mehr die Aufgabe des Weges er-

füllen, der die Erde mit dem Himmel verbindet. Er kann wohl den Mittelpunkt oder die Achse unseres Planetensystems andeuten, bietet aber dem Menschen keine Möglichkeit mehr, zum Himmel vorzudringen. Soll ein Berg – so schloss ich – die Rolle des Analog spielen können, muss den Menschen, so wie die Natur sie ausgestattet hat, sein Gipfel unzugänglich, sein Fuß jedoch zugänglich sein. Er muss der Einzige seiner Art sein, und er muss geographisch existieren. Die Pforte zum Unsichtbaren muss sichtbar sein.

Das hatte ich geschrieben. Nahm man meinen Artikel wörtlich, musste daraus hervorgehen, dass ich tatsächlich an die Existenz eines irgendwo auf der Erdoberfläche gelegenen Berges glaubte, der höher war als der Mount Everest – in den Augen jedes „vernünftigen" Menschen eine Absurdität. Und nun kam einer und nahm mich wörtlich! Sprach sogar davon, dass „die Expedition" jetzt möglich werde! Ein Verrückter? Ein Witzbold? Aber was war dann mit mir, der ich diesen Artikel geschrieben hatte? Hatten meine Leser nicht das Recht, sich hinsichtlich seines Autors die gleiche Frage zu stellen? Was war ich also: ein Verrückter? Ein Witzbold? Oder ganz einfach ein Literat? Ich muss heute gestehen, dass ich im gleichen Augenblick, in dem ich mir diese unangenehmen Fragen stellte, die Empfindung hatte, dass trotz allem etwas in mir fest an die Existenz des Bergs Analog glaubte.

Am nächsten Tag rief ich morgens eine der für diese Tageszeit angegebenen Nummern an. Eine unpersönliche Frauenstimme belehrte mich schroff, dass „hier die Parfumfabrik Eurhyne" sei, und wollte wissen, wen ich zu sprechen wünschte. Nach einigem Knacken in der Leitung meldete sich eine Männerstimme.

„Hallo, sind Sie das? Ein Glück, dass das Telefon nicht auch Gerüche übermittelt. Haben sie am Sonntag Zeit?... Dann kommen Sie doch gegen elf Uhr zu mir. Wir machen vor dem Essen noch einen kleinen Spaziergang durch meinen Park ... Wie? Ganz recht, Passage des Patriarchen. Warum fragen Sie? Ach so, Sie meinen den Park ... mein Laboratorium! Ich hatte gedacht, Sie wären Alpinist. ... Abgemacht, also bis Sonntag."

Es war also kein Verrückter. Ein Verrückter würde in einer Parfumfabrik keinen wichtigen Posten bekleiden. Also ein Witzbold? Dazu passte jedoch nicht seine warme und feste Stimme.

Wir hatten Donnerstag. Noch drei Tage. Meine Umgebung muss mich während dieser Zeit reichlich zerstreut gefunden haben.

Am Sonntag Morgen bahnte ich mir den Weg zur Passage des Patriarchen, glitt über Bananenschalen aus, stieß mit den Fußspitzen Tomaten vor mir her, vorbei an schwitzenden Frauen, die einkauften. Ich betrat einen Torweg, fragte die Concierge nach Herrn Sogols Wohnung und wurde von ihr zu einem über dem Hof gelegenen Dienstbotenaufgang verwiesen. Bevor ich ihn erreichte, bemerkte ich, dass an der Hauswand, von der der Putz abbröckelte, aus einem kleinen Fenster des fünften Stocks ein Doppelseil herunterhing. Eine Manchesterhose – soweit ich auf diese Entfernung derartige Einzelheiten erkennen konnte – kletterte aus dem Fenster; sie steckte in Strümpfen, die ihrerseits in weichen Schuhen steckten. Die

so gekleidete Person hielt sich mit der einen Hand an der Fensterbrüstung fest, dann nahm sie blitzschnell das Seil zwischen die Beine, wand es sich um den rechten Oberschenkel, führte es dann schräg über die Brust zur linken Schulter und von dort – hinter dem hochgeschlagenen Kragen ihrer Kletterweste – über die rechte Schulter wieder nach vorn, fasste mit der rechten Hand das lose herabhängende Stück, mit der linken das andere und seilte sich, in jenem Stil, der sich so gut auf Fotos ausnimmt, ab – den Oberkörper gerade aufgerichtet, die Beine gespreizt, mit einer Geschwindigkeit von einem Meter fünfzig in der Sekunde. Sie hatte kaum den Boden erreicht, als ihr auf dieselbe Weise eine zweite Person folgte, aber diese zweite Person bekam auf der Hälfte des Wegs etwas wie eine alte Kartoffel an den Kopf, die dann auf dem Pflaster des Hofes zerplatzte. Eine Stimme trompetete dazu von oben: „Um Sie an Steinschlag zu gewöhnen." Es gelang der Person jedoch, ohne allzu sehr die Fassung zu verlieren, nach unten zu kommen, und unter den missbilligenden Blicken der Concierge verschwanden die beiden Männer im Torweg. Ich setzte meinen Weg fort, stieg vier Stockwerke hoch und fand dort neben einem Fenster einen Zettel mit folgendem Text:
Pierre Sogol, Lehrer für Alpinismus. Unterrichtsstunden Donnerstag und Sonntag von 7 – 11 Uhr. Zwecks Zutritt aus dem Fenster steigen, über den Felsvorsprung linker Hand einen Kamin und dann einen lockeren Steilhang hochklettern, in Nord-Süd-Richtung dem Grat folgen und durch das am Osthang gelegene Dachfenster eintreten.
Ich fügte mich gerne dieser bizarren Anweisung, obwohl die Treppe noch bis zum fünften Stock führte. Der

„Felsvorsprung“ war ein schmaler Sims, der „Kamin“ ein nach der einen Seite offener Fassadeneinschnitt, der „lockere Steilhang“ ein altes Schieferdach, der „Grat“ der Dachfirst. Ich stieg durch das bezeichnete Dachfenster und stand Herrn Sogol gegenüber. Er war ziemlich groß, dabei mager und sehnig. Er trug einen mächtigen schwarzen Schnurrbart, und sein Haar war leicht gekräuselt. Er strahlte die Ruhe eines im Käfig eingesperrten Panthers aus, der auf seine Stunde wartet. Er sah mich aus dunklen gelassenen Augen an und gab mir die Hand. „Sie haben gerade gesehen, was ich alles tun muss, um mir mein Geld zu verdienen“, sagte er. „Ich wünschte, ich könnte Sie besser empfangen.“ „Ich dachte, Sie arbeiten in einer Parfumfabrik“, unterbrach ich ihn.

„Nicht nur! Ich habe außerdem noch in einer Fabrik für Haushaltsartikel, einer Firma für Campingbedarf, einem Laboratorium für Insektenvertilgungsmittel und einer Werkstatt für Fotogravüre zu tun. Ich lasse mich überall anstellen, wo es Erfindungen zu machen gilt, die man für unmöglich hält. Bisher ist das immer gut gegangen, aber da die Leute genau wissen, dass ich nichts anderes kann, bezahlen sie mir nicht viel. Deshalb gebe ich Söhnen reicher Familien, die vom Bridge und von Kreuzfahrten mit Luxusyachten genug haben, Unterricht im Bergsteigen. Aber machen Sie es sich bitte bequem und sehen Sie sich in meiner Mansarde um.“

Tatsächlich waren es mehrere Mansarden, die dadurch, dass man die Zwischenwände entfernt hatte, ein zwar niedriges, aber geräumiges, an der einen Seite durch ein breites Fenster erhelltes Atelier bildeten. Unter dem Fenster standen alle möglichen Apparaturen, wie man sie zu physikalisch-chemischen

Versuchen braucht. Ein von Töpfen und Holzkübeln mit Steinbrech, Sukkulenten, kleinen Koniferen, Zwergpalmen und Rhododendren gesäumter Weg ahmte einen schlechten Maultierpfad nach. Beiderseits des Wegs, von der Decke herabhängend oder an einem der Bäumchen oder Büsche befestigt, so dass jeder Zentimeter Raum genutzt war, fanden sich Hunderte von kleinen Tafeln. Auf jeder Tafel eine Zeichnung, ein Foto oder eine Tabelle, die zusammen eine regelrechte Enzyklopädie dessen bildeten, was man die „gesicherten menschlichen Kenntnisse" nennt. Eine schematische Darstellung der pflanzlichen Zelle, das periodische System der Elemente von Mendelejew, die Radikale der chinesischen Schrift, ein Querschnitt durch das menschliche Herz, die Transformationsformel von Lorentz, die einzelnen Planeten und ihre Eigenschaften, Hieroglyphen der Maya, Bevölkerungsstatistiken und Wirtschaftsdiagramme, musikalische Tonsätze, die Vertreter der wichtigsten Tier- und Pflanzenfamilien, die Kristallformen, ein Plan der Cheopspyramide, Röntgenbilder des menschlichen Gehirns, logistische Formeln, eine Tafel aller in den verschiedenen Sprachen vorkommenden Phoneme, Landkarten und Stammbäume, kurz alles, was dem Gehirn eines Mirandola des zwanzigsten Jahrhunderts zur Zierde gereichen würde. Hier und da Aquarien und Käfige mit ausgefallenen Tierarten, aber mein Gastgeber ließ mir keine Zeit, mich mit seinen Seegurken, Tintenfischen, Wasserspinnen, Termiten, Ameisenbären und Schwanzlurchen aufzuhalten. Er zog mich auf den Steinpfad, der gerade breit genug war, dass wir nebeneinander gehen konnten, und lud mich zu einem Spaziergang um sein Laboratorium ein. Durch den Geruch der Koniferen und einen leichten Luftzug, der durchs Fenster kam, hatte man den Eindruck, sich auf einem endlos gewundenen Gebirgspfad zu befinden.

„Es ist Ihnen klar“, sagte Pierre Sogol, „dass wir über Dinge zu entscheiden haben, deren Konsequenzen sowohl Ihr wie auch mein Leben von Grund auf zu verändern imstande sind. Es ist Ihnen ebenfalls klar, dass wir das nicht ohne Weiteres tun können und erst ein bisschen miteinander bekannt werden müssen. Was wir heute tun können, ist, miteinander spazieren gehen, sprechen, essen und miteinander schweigen. Später werden wir, wie ich hoffe, Gelegenheit finden, auch miteinander zu handeln und zu leiden, denn beides braucht es, um, wie man sagt, „Bekanntschaft miteinander zu schließen“.

Als Erstes sprachen wir natürlich von den Bergen. Er hatte fast alle bekannten hohen Gipfel unseres Planeten bestiegen, und ich spürte, dass wir uns, jeder am Ende eines guten Seils, augenblicklich auf die kühnsten alpinistischen Abenteuer einlassen könnten. Dann schweifte das Gespräch ab, machte Sprünge, und ich begriff, zu welchem Zweck ihm die den Weg begleitenden, uns das Wissen unseres Jahrhunderts vor Augen führenden Tafeln dienten. Diese Bilder und Tabellen ... Jeder von uns trägt eine mehr oder weniger umfangreiche Sammlung davon im Kopf, und wir meinen, die höchsten wissenschaftlichen und philosophischen Gedanken zu denken, wenn wir einige von ihnen per Zufall in einer anderen Gruppierung erkennen als gewöhnlich. Der Zufall kann ein Lufthauch sein oder ganz einfach eine Molekularbewegung von Körperteilchen, die in einer Flüssigkeit schweben, so wie es Robert Brown entdeckte. Hier wurde das ganze Wissensarsenal vor uns ausgebreitet, wir konnten uns nicht länger mit ihm verwechseln. So wie man Girlanden an Nägeln aufhängt, so hängten wir unser Gespräch an diese kleinen Tafeln, und jeder sah, wie sowohl die eigenen, als auch die Gedankengänge des anderen, funktionierten.

Wie alles Übrige an ihm zeigte auch die Art, wie mein Begleiter dachte, eine merkwürdige Mischung von männlicher Reife und kindlicher Naivität. Ich empfand sein Denken als eine sinnlich wahrnehmbare Kraft wie Licht, Wärme oder Wind. Diese Kraft beruhte auf seiner außergewöhnlichen Fähigkeit, Ideen als etwas Äußeres zu betrachten und zwischen solchen, die scheinbar ganz unvereinbar waren, unvermutete Beziehungen herzustellen. So hörte (beinahe möchte ich sagen, sah) ich ihn die Geschichte der Menschheit als Problem der projektiven Geometrie behandeln und einen Augenblick später von den Eigenschaften der Zahlen sprechen, als handle es sich um Tierarten; aus der Teilung und Verschmelzung der Zellen wurde ein Sonderfall der logischen Schlussfolgerung, und die Sprache schöpfte ihre Gesetze aus der Lehre von der Bewegung der Himmelskörper.

Ich antwortete ihm nur wenig, und schon bald empfand ich eine Art Schwindel. Dann begann er, von seinem Leben zu erzählen.

„In jungen Jahren habe ich alle Annehmlichkeiten und Unannehmlichkeiten, Freuden und Leiden genossen, die einem Menschen, wenn er in Gesellschaft lebt, zuteil werden können. Nicht nötig, auf Einzelheiten einzugehen – der Katalog der Ereignisse, die das menschliche Schicksal bestimmen, ist begrenzt, und alle Geschichten laufen mehr oder weniger auf dieselbe hinaus. Ich muss nur erwähnen, dass ich mich eines Tages allein fand und von der Gewissheit erfüllt, einen Lebensabschnitt beendet zu haben. Ich war viel gereist, hatte die verschiedensten Wissenschaften studiert und ein Dutzend Berufe erlernt. Das Leben behandelte mich, wie ein Organismus einen in ihn eingedrungenen Fremdkörper behandelt: Es versuchte mich entweder einzukapseln oder auszustoßen, doch ich selbst verlangte nach etwas anderem. Ich glaubte, dieses „Andere“ in der Religion zu finden. Ich trat in ein Kloster ein – ein recht seltsames Kloster. Was für ein Kloster es war und wo es lag, spielt weiter keine Rolle, wichtig ist nur, dass der Orden, zu dem es gehörte, ein in jeder Hinsicht häretischer Orden war. Besonders eine Ordensregel war merkwürdig: Jeden Morgen gab der Prior jedem von uns, wir waren etwa dreißig, einen viermal gefalteten Zettel. Auf einem dieser Zettel stand: „Tu hodie“, und nur der Prior wusste, wer ihn bekommen hatte. Ich glaube übrigens, dass an manchen Tagen alle Zettel weiß waren, aber da niemand das wusste, blieb das Resultat das gleiche. „Du heute“ – das heißt, dass der Bruder, der diesen Zettel erhalten hatte, ohne dass seine Mitbrüder es wussten, während des betreffenden Tages die Rolle des „Versuchers“ spielen musste. Ich habe bei afrikanischen und anderen wilden Stämmen Schrecken erregenden Kulthandlungen beigewohnt, die Menschenopfer und Anthropophagie einschlossen, aber ich bin nirgendwo einem Brauch begegnet, der ähnlich grausam gewesen wäre. Stellen Sie sich dreißig in Gemeinschaft lebende Menschen vor, die ohnehin schon von ständiger Sündenfurcht geplagt sind und die nun einander mit dem quälenden Gedanken betrachten, dass einer von ihnen, ohne dass sie wissen wer, damit beauftragt ist, ihren Glauben, ihre Demut, ihre Frömmigkeit auf die Probe zu stellen. Das Ganze

war die diabolische Karikatur einer großartigen Idee, der Idee nämlich, dass es in meinem Nächsten wie in mir selbst jederzeit zwei Personen gibt, eine, die man hassen muss und eine, die man lieben kann.
Brauchte es noch einen anderen Beweis für das Satanische des beschriebenen Brauchs, so läge er darin, dass niemals einer der Brüder es abgelehnt hat, die Rolle des Versuchers zu übernehmen. Wenn das „Tu hodie" an ihn fiel, hegte keiner den geringsten Zweifel, dass er der ihm zugeteilten Rolle gewachsen und würdig sei. Der Versucher wurde selber das Opfer einer ungeheuerlichen Versuchung. Der Ordensregel gehorchend habe auch ich mich verschiedene Male bereit gefunden, der Agent Provokateur zu sein, und das ist die beschämendste Erinnerung meines Lebens. Ich habe mich dazu bereit gefunden, solange ich noch nicht begriffen hatte, in welche Falle ich gegangen war. Bis dahin war es mir immer gelungen, den Teufel vom Dienst zu erkennen. Die Guten waren so unglaublich naiv! Immer die gleichen Tricks, die sie selber allerdings für raffiniert hielten, die armen Teufel! Dabei bestand ihre ganze Raffinesse darin, auf einer Reihe von Wortklaubereien herumzureiten, wie: „Die Ordensregel buchstäblich befolgen, ist nur gut für Dummköpfe, die ihren Geist nicht verstehen." oder „Ich kann mir bei meinem Gesundheitszustand soviel Kasteiung leider nicht erlauben."
Einmal jedoch ist es dem Teufel vom Dienst gelungen, mich hereinzulegen. Die Rolle wurde an diesem Tag von einem großen, vierschrötigen Kerl mit blauen Kinderaugen gespielt. Er näherte sich mir in einer Pause und sagte: „Ich sehe, dass Sie mich erkannt haben. Mit Ihnen ist eben nichts anzufangen, Sie haben einen zu scharfen Blick. Im Übrigen wissen Sie

auch ohne diesen Kunstgriff, dass wir ständig von Versuchungen bedroht sind – von solchen, die von außen kommen, und besser noch von solchen aus unserem Inneren. Aber nehmen Sie die bodenlose Schwäche des Menschen: Alle Mittel, die man ihm an die Hand gibt, um wach zu bleiben, benutzt er, um seinen Schlummer damit zu schmücken. Er trägt das härene Hemd, wie man ein Monokel trägt, und er singt die Messe, wie man zum Golfplatz geht. Wenn unsere Techniker doch – anstatt dauernd Mittel zu erfinden, die das Leben erleichtern – ihr Wissen einmal auf die Herstellung von Instrumenten verwenden wollten, die den Menschen herausrissen aus seiner geistigen Erstarrung. Es gibt zwar viele Maschinenpistolen ..., aber das geht dann doch zu weit ..."
Er sprach so gut, dass ich mich noch am selben Abend mit fieberndem Hirn beim Prior meldete und von ihm die Erlaubnis erhielt, mich in den Mußestunden mit der Erfindung und Herstellung solcher Instrumente zu beschäftigen. Ich erfand auch sogleich einige: zum Beispiel einen Füllfederhalter, der alle fünf bis zehn Minuten kleckste, zum Gebrauch für Schriftsteller, die mit allzu leichter Feder schreiben; ein kleines, tragbares Grammophon, das mit einem Hörer ausgestattet war, wie ihn die Hörapparate für Taube haben, und das einem ganz unerwartet zuschrie: „Für was hältst du dich eigentlich?"; ein Luftkissen, das ich das „sanfte Ruhekissen des Zweifels" nannte und das plötzlich unter dem Kopf desjenigen, der darauf schlief, in sich zusammensank; einen Spiegel, der mit viel Mühe so konstruiert war, dass jedes menschliche Gesicht darin als Schweinekopf erschien, und Ähnliches mehr. Ich ging so darin auf, dass ich nicht einmal mehr den jeweiligen täglich Versucher erkannte, der

dementsprechend leichtes Spiel hatte, mich in meiner Tätigkeit noch zu bestärken. Da erhielt eines Morgens ich das „Tu hodie“. Der erste Bruder, dem ich begegnete, war der große, vierschrötige Kerl mit den blauen Kinderaugen. Er begrüßte mich mit einem spöttischen Lächeln, das mich augenblicklich ernüchterte. Ich sah sowohl das Kindische meiner Versuche wie das Schmähliche der mir zugedachten Rolle. Ich ging entgegen allen Regeln zum Prior und teilte ihm mit, dass ich nicht länger bereit sei, den Teufel zu spielen. Er sprach mit mir in einer Mischung aus Strenge und Sanftmut, die vielleicht aufrichtig, vielleicht aber auch nur Routine war. „Mein Sohn“, schloss er, „Sie sind besessen von einem unheilbaren Drang zu verstehen, der es unmöglich macht, Sie länger hier zu behalten. Wir werden für Sie beten, dass Gott Sie auf anderen Wegen zu sich führen möge ...“

Noch am selben Abend nahm ich den Zug nach Paris. Ich war als Bruder Petrus in das Kloster eingetreten und verließ es als Vater Sogol. Ich habe dieses Pseudonym beibehalten. Meine Mitbrüder hatten mich so genannt wegen meiner Veranlagung, zumindest versuchsweise jeden mir vorgeschlagenen Satz in sein Gegenteil zu verkehren und bei allem Ursache und Wirkung, Voraussetzung und Konsequenz, das Zufällige und das Wesentliche zu vertauschen. „Sogol“, das Anagramm von „Logos“, war zwar etwas albern und anmaßend, aber ich brauchte einen Namen, der gut klang. Außerdem erinnerte er mich ständig an eine Denkmethode, die mir sehr genützt hat. Dank meiner wissenschaftlichen und technischen Kenntnisse fand ich bald Beschäftigung in verschiedenen industriellen Betrieben. Ich gewöhnte mich langsam wieder an das

Leben der „Welt“, zumindest äußerlich, denn mich heimisch zu fühlen in dem aufgeregten Affenkäfig, den man so pathetisch das „Leben“ nennt, gelingt mir selbst heute noch nicht.“

Von irgendwoher ertönte ein Gong. „Meine gute Physika“, erklärte Vater Sogol. „Das Essen ist fertig, kommen Sie.“

Wir verließen den künstlichen Gebirgspfad, und – mit einer Handbewegung auf das vor uns ausgebreitete und auf kleine rechteckige Kärtchen notierte Wissen – sagte er bitter: „Das alles ist Fälschung! Nichts als Fälschung. Von keiner dieser Tafeln ließe sich sagen: Hier ist die Wahrheit, eine kleine, aber sichere Wahrheit. Alle sind entweder Geheimnisse oder Irrtümer. Wo die einen enden, beginnen die anderen.“

Wir gingen in ein kleines weiß getünchtes Zimmer, in dem der Tisch gedeckt war.

„Etwas, das wenigstens relativ wahr ist, falls man diese beiden Begriffe verbinden kann, ohne eine Explosion auszulösen“, sagte er, als wir vor der Schüssel Platz nahmen, auf der, mit allen Gemüsen der Jahreszeit garniert, ein gekochtes Stück Fleisch lag. „Und selbst um mir eine Mahlzeit auf den Tisch zu bringen, die weder Gelatine noch Bor- oder Ameisensäure, noch sonst eine Chemikalie der heutigen Nahrungsmittelindustrie enthält, braucht es die ganze bretonische Bauernlist meiner guten Physika. Aber die Mühe lohnt sich: Ein guter Gemüse-Fleischtopf ist immerhin mehr wert als eine schlechte Philosophie.“

Wir aßen schweigend. Mein Gastgeber fühlte sich nicht verpflichtet, beim Essen Konversation zu machen, und ich schätzte ihn umso mehr. Genauso wenig, wie er sich scheute zu denken, bevor er sprach, scheute er sich zu schweigen, wenn es nichts zu sagen gab. Ich fürchte, so wie ich unsere Unterhaltung hier wiedergebe, muss der Eindruck entstehen, er hätte pausenlos geredet. Aber es lagen zwischen dem, was er erzählte, oft weite Strecken des Schweigens, und auch ich hatte allerlei gesagt. Ich hatte ihm in großen Zügen mein Leben erzählt. Und was die Phasen des Schweigens betrifft: Wie mit Worten Schweigen wiedergeben? Einzig die Poesie kann das.

Nach dem Essen kehrten wir in den „Park" zurück und streckten uns auf Teppichen und Lederkissen aus, ein sehr einfaches Mittel, einen niedrigen Raum höher zu machen. Die „gute Physika" brachte schweigend den Kaffee, und Sogol nahm das Gespräch wieder auf. „Alles das füllt zwar den Magen, aber auch nicht mehr. Mit ein bisschen Geld gelingt es einem auch heute, sich die elementaren körperlichen Genüsse zu verschaffen. Der Rest ist Täuschung, Talmi. Unser Leben, soweit es sich zwischen Zwerchfell und Schädelwölbung abspielt, besteht aus nichts als Ticks und Tricks. Ich sei besessen von einem unheilbaren Drang zu verstehen, hatte der Prior gesagt. Ich will nicht sterben, ohne zu wissen, warum ich gelebt habe. Wie steht es mit Ihnen in dieser Hinsicht? Haben Sie schon einmal Angst vor dem Tod gehabt?"

Ich grub in meiner Erinnerung, in dem Teil meiner Erinnerung, der noch nicht berührt war von Worten, und begann stockend: „Ja. Als ich sechs war, hatte ich von Mücken sprechen hören, die einen nachts stechen, wenn man schläft, und im Scherz hatte jemand gesagt: Wenn man dann aufwacht, ist man tot. Dieser Satz verfolgte mich. Wenn ich abends im Dunkeln im Bett lag, versuchte ich mir den Tod, das „ Nichts-mehr-da", vorzustellen. Ich unterdrückte in meiner Einbildung alles, was mein Leben ausmachte, und immer enger schloss sich um mich der Ring der Angst – nicht einmal ich würde mehr da sein ... Aber was war das eigentlich, dieses Ich? Es gelang mir nicht, es herauszufinden. Ich entglitt mir wie ein schlüpfriger Fisch. Ich konnte nicht mehr schlafen. Drei Jahre lang kehrten die Nächte, in denen ich mich so quälte, mehr oder weniger regelmäßig wieder. Dann kam mir eines Nachts der hilfreiche Gedanke, die Angst, anstatt sie zu erleiden, zu beobachten und zu lokalisieren. Ich stellte daraufhin fest, dass sie mit einer Verkrampfung in meinem Bauch und meinem Hals zusammenhing. Ich rief mir ins Gedächtnis, dass ich anfällig für Angina war. Ich versuchte mich zu entspannen und zu lockern. Die Angst verschwand. Ich dachte in diesem Zustand weiter an den Tod, aber nun überkam mich nicht mehr Angst, sondern ein ganz neues Gefühl, ein Gefühl, für das ich keinen Namen wusste und das gleichzeitig ein Geheimnis und eine Hoffnung in sich barg."

„Und dann sind Sie erwachsen geworden, haben studiert und haben angefangen zu philosophieren, nicht wahr? Ähnlich ist es uns allen ergangen. Es scheint, dass mit Erreichen des Jünglingsalters unser inneres Leben geschwächt und von der Quelle des natürlichen Mutes, der uns vorher selbstverständlich war, abgeschnitten wird. Das Denken wagt nicht mehr, sich der Realität und dem Geheimnis direkt zu stellen, es fängt an, sie durch die Augen der ‚Großen' und die Lehrmeinungen von Büchern und Professoren zu sehen. Trotzdem bleibt auch dann noch eine Stimme, die so oft sie kann, klagt, spricht und fragt – meistens dann, wenn plötzliche Veränderungen in unserem Leben die Fesseln lockern, aber wir pflegen sie schon rasch wieder zum Schweigen zu bringen.

Ein bisschen verstehen wir uns also bereits. Ich kann Ihnen deshalb ruhig sagen, dass ich Furcht vor dem Tod habe. Nicht vor dem Bild, das man sich vom Tod macht, das ist nur ein Bild, auch nicht Furcht vor meinem Tod, dessen Datum man ins Standesamtsregister eintragen wird, vielmehr Furcht vor dem Tod, den ich jeden Tag sterbe. Furcht vor dem Tod jener Stimme, die auch mich seit meiner frühesten Kindheit fragt: ‚Wer bist du?', jener Stimme, die durch alles aus unserm Innern und durch unsere Umgebung zum Schweigen gebracht werden soll. Wenn diese Stimme nicht spricht, und sie spricht nicht oft, bin ich eine leere Hülle, ein lebender Leichnam. Ich habe Angst davor, dass sie eines Tages für immer verstummt oder erst zu spät wach wird, wie in Ihrer Mückengeschichte: ‚Und wenn man dann aufwacht, ist man tot.' Jetzt wissen Sie's", sagte er beinahe böse. „Ich habe Ihnen alles Wichtige gesagt. Der Rest ist nebensächlich. Seit Jahren habe ich darauf gewartet, es jemandem sagen zu können."

Er hatte sich aufgerichtet, und ich begriff, dass er, um dem Druck des in ihm brodelnden Wahnsinns zu widerstehen, über eine eiserne Vernunft verfügen musste. Er war jetzt etwas gelockerter und entspannter. „Die einzigen guten Augenblicke meines Lebens", fuhr er fort, „waren die Sommer, in denen ich meine Bergschuhe, meinen Rucksack und meinen Eispickel hervorholen und ins Gebirge fahren konnte. Ich habe nie lange Ferien machen können, aber ich habe die Zeit genutzt. Wenn ich dann, nachdem ich zehn oder elf Monate damit zugebracht hatte, an der Vervollkommnung von Staubsaugern oder der Herstellung von synthetischen Parfums zu arbeiten, aus dem Zug stieg und, die Muskeln noch steif von der Stadt, den ersten Schneehang erreichte, passierte es mir manchmal, dass ich selig und leer wie ein Kind losheulte. Einige Tage später, wenn ich mich mit Rücken und Fußsohlen in einer Felsspalte hochstemmte oder rittlings einen Grat bewältigte, fand ich mich wieder und stieß dabei auf Personen in mir, die ich seit dem Sommer davor aus den Augen verloren hatte, und es waren immer dieselben.

Genau wie Sie hatte auch ich durch Bücher und auf Reisen von einem höher entwickelten Menschentyp gehört, der zu allem, was für uns Geheimnis ist, den Schlüssel besitzt. Diesen Gedanken an eine unsichtbare Menschheit, die inmitten der sichtbaren lebt, konnte ich nicht nur als Allegorie ansehen. Die Erfahrung, so sagte ich mir, bewies, dass der Mensch von sich aus nicht zur Wahrheit gelangt. Es musste also ein Zwischenglied existieren, das einerseits noch menschlich war und andrerseits über das Menschliche hinauswies. Irgendwo auf der Erde musste es eine höhere Art des Menschen geben – und auch einen Zugang zu ihr. Wenn das aber so war, musste ich dann nicht meine ganze Kraft darauf richten, sie zu entdecken? Selbst wenn ich bei diesem Bemühen das Opfer einer Illusion würde, hätte ich doch nichts verloren, denn ohne diese Hoffnung ist unser Leben sinnlos.

Aber wo suchen? Wo anfangen? Ich war weit gereist und hatte in alle möglichen Religionen, Sekten und Schulen hineingerochen, aber das Resultat war bei allen dasselbe: Kann sein ja, kann sein nein! Warum also hätte ich mein Leben an die eine hängen sollen und nicht an die andere? Mir fehlte der Prüfstein. Durch die Tatsache, dass wir jetzt zwei sind, wird alles anders. Die Aufgabe wird dadurch zwar nicht zweimal so leicht, aber aus einer unmöglichen wird sie zu einer möglichen. Es ist so ähnlich, als wenn Sie mir, um die Entfernung eines Sterns zur Erde zu berechnen, nur einen Punkt auf der Erde als bekannt gäben – die Berechnung ist dann nicht möglich. Geben Sie mir dagegen zwei Punkte, ist sie möglich, weil ich dann das für die Berechnung nötige Dreieck konstruieren kann."

Dieser unvermittelte Sprung in die Geometrie war typisch für ihn. Ich weiß nicht, wie weit ich ihn damals verstanden habe. Ich entdeckte später, dass seine Art zu denken und Schlüsse zu ziehen, einem wenn auch minimalen Irrtum unterlag. Gleichwohl überzeugte sie mich.

„Ihr Artikel über den Berg Analog hat mir die Erleuchtung gebracht", fuhr er fort. „Es gibt ihn: Wir beide wissen es. Herauszufinden, wo er liegt, ist eine Sache der Berechnung. Ich verspreche Ihnen, dass ich in einigen Tagen seine geographische Position bis auf geringfügige Abweichungen ermittelt haben werde. Und dann brechen wir auf, nicht wahr?"

„Schon! Aber wie? Auf welchem Weg? Mit welchen Transport- und Geldmitteln? Für wie lange?"

„Das alles sind Nebensachen. Im Übrigen bin ich sicher, dass wir nicht allein bleiben werden. Zwei Menschen überzeugen einen dritten, und so geht es nach dem Schneeballprinzip weiter, obwohl man mit dem, was die Leute ihren „gesunden Menschenverstand" nennen, rechnen muss. Die Armen! Ihr „gesunder Menschenverstand" hat ebenso recht, wie das Wasser recht hat zu fließen, das heißt, solange man es nicht zum Gefrieren oder Kochen bringt. Setzen wir die erste Zusammenkunft also gleich für nächsten Sonntag fest. Ich habe fünf oder sechs Freunde, die sicher kommen werden. Einer davon lebt in England, zwei andere in der Schweiz, aber sie werden da sein. Zwischen uns hat seit je die Vereinbarung bestanden, dass keiner eine große Reise antritt ohne die anderen. Und unser Vorhaben ist ja wohl eine große Reise."

„Ich kenne ebenfalls ein paar Leute, sie sich uns vielleicht anschließen würden", sagte ich.

„Gut, laden Sie sie für vier Uhr nächsten Sonntag ein, aber Sie selbst kommen bitte schon etwas früher, so gegen zwei. Meine Berechnungen werden dann fertig sein ... Müssen Sie wirklich schon gehen? Der Ausgang ist dort", sagte er und zeigte auf das Fenster, aus dem das Seil hinunterhing. „Nur meine Physika bedient sich der Treppe. Auf Wiedersehen!"

Ich kletterte hinaus und seilte mich in wenigen Augenblicken ab. Wieder auf der Straße, empfand ich mich als Fremder und nicht mehr recht dazugehörig. Wenn ich daran gedacht hätte, mich auf meinem Weg von der Passage des Patriarchen zu meiner im Viertel von Saint-Germain-des-Prés gelegenen Wohnung ein wenig zu beobachten, hätte ich ein interessantes Gesetz entdecken können. Es ist das Gesetz für das Verhalten des „Zweifüßlers ohne Federn", der unfähig ist, die Zahl π zu begreifen, wie die Definition lautete, mit der Vater Sogol unsere Spezies umschrieb. Man könnte es das Resonanzbodengesetz nennen. Die Bergführer des Bergs Analog, mit denen ich später darüber sprach, nannten es ganz einfach das Chamäleongesetz. Vater Sogol hatte mich wirklich überzeugt, und solange ich ihm zuhörte, war ich bereit, mich mit ihm auf das verrückteste Abenteuer einzulassen. In dem Maß jedoch, wie ich mich meiner Wohnung und damit dem Gleis meiner Gewohnheiten näherte, stellte ich mir vor, was meine Kollegen im Büro, die mir befreundeten Schriftsteller und meine sonstigen Bekannten sagen würden, wenn ich ihnen von Vater Sogol und meinem Besuch bei ihm erzählte. Ich hörte bereits ihre sarkastischen und mitleidigen Bemerkungen und fing an, der eben noch verspürten Begeisterung derart zu misstrauen, dass ich etwas später, als ich meiner Frau von unserer Unterhaltung erzählte, zu meiner eigenen Überraschung Ausdrücke gebrauchte wie „ein komischer Kauz", ein „weggelaufener Mönch", ein „etwas spinnerter Erfinder", „ein völlig verrückter Plan". Ich war deshalb geradezu betroffen, als ich sie, nachdem ich mit meiner Erzählung fertig war, sagen hörte: „Dein Vater Sogol hat recht. Ich werde noch heute mit den Reisevorbereitungen beginnen: Ihr seid nämlich nicht mehr zwei, wir sind jetzt bereits drei."

„Du nimmst die Sache also ernst?"

„Es ist die erste ernste Sache, die ich in meinem Leben gehört habe."

Und die Macht des Chamäleongesetzes erwies sich als so groß, dass ich anfing, das von Vater Sogol vorgeschlagene Unternehmen von neuem als durchaus vernünftig anzusehen.

Zweites Kapitel, welches das Kapitel der Vermutungen ist.

Vorstellung der Eingeladenen – ein Rednertrick – Darstellung des Problems – unhaltbare Hypothesen – bis zur äußersten Absurdität – nicht-euklidische Schifffahrt in einem Suppenteller – Astronomen als Gewährsleute – wieso es den Berg Analog gibt, als ob es ihn nicht gäbe – ein Licht auf die wirkliche Geschichte des Zauberers Merlin – Lösung eines Problems mittels der Methode, es als gelöst zu betrachten – das Sonnentor – Erklärung einer geographischen Anomalie – der Mittelpunkt der Erdteile – ein scharfsinniges Rechenexempel – der Milliardär-Heiland – vier Arten, uns im Stich zu lassen: poetisch, freundschaftlich, pathetisch, philosophisch – Vorsichtsmaßnahmen.

Am folgenden Sonntag begab ich mich um zwei Uhr mit meiner Frau in das „Laboratorium“ in der Passage des Patriarchen, und schon nach einer halben Stunde verstanden wir drei uns so gut, dass es nichts Unmögliches für uns mehr gab.
Vater Sogol hatte seine geheimnisvollen Berechnungen nahezu abgeschlossen, sparte sich aber ihre Erklärung für später auf, wenn auch die anderen Eingeladenen da wären. Bis dahin vertrieben wir uns die Zeit damit, uns gegenseitig die Leute, die jeder von uns hergebeten hatte, zu beschreiben.

Von meiner Seite waren es:
Iwan Lapse, zwischen fünfunddreißig und vierzig Jahre alt, Russe finnischer Abstammung und bedeutender Linguist. Verglichen mit anderen Linguisten bedeutend vor allem deshalb, weil er sich mündlich wie schriftlich auf einfache, elegante und korrekte Weise auszudrücken verstand – und das in mehreren Sprachen; Verfasser eines Buches, das *Die Sprache der Sprachen* hieß, sowie einer Vergleichenden Grammatik der Zeichensprache. Ein kleiner Mann mit langem Schädel, einem schwarzen Haarkranz, schrägen Schlitzaugen, schmaler Nase und traurigem Mund. Ein ausgezeichneter Gletscherkenner mit einer Schwäche für Biwaks in großen Höhen.
Alphonse Camard, Franzose, fünfzig Jahre, ein ebenso produktiver wie erfolgreicher Dichter, bärtig, mit etwas Bauch und einem Hauch von Unordnung und Ausschweifung, was jedoch seine schöne, warme Stimme sogleich wieder wettmachte. Da ihm ein Leberleiden strapaziöse Touren untersagte, tröstete er sich mit dem Schreiben von Gedichten über das Gebirge.

Emile Gorge, Franzose, fünfundzwanzig, Journalist, weltgewandt und mit einem leidenschaftlichen Interesse für Musik und Ballett, über die er glänzend schrieb. Meister im Abseilen, der den Abstieg dem Aufstieg vorzog. Kleiner, magerer Körper, feistes Gesicht mit winzigem Mund und kurzem Kinn.

Judith Pancake endlich, eine Freundin meiner Frau, Amerikanerin um die Dreißig, Gebirgsmalerin. Übrigens die einzige wirkliche Gebirgsmalerin, die ich kenne. Sie hat verstanden, dass das, was man von einem Gipfel sieht, einem anderen Blickfeld entspricht als ein Stillleben oder eine gewöhnliche Landschaft. Ihre Bilder zeigen in bewundernswerter Weise die Kreisstruktur, die der Raum in großer Höhe einnimmt. Sie hält sich selbst nicht für eine „Künstlerin", sie malt nur „zur Erinnerung" an ihre Bergtouren. Aber sie malt mit so viel handwerklicher Gewissenhaftigkeit, dass die Krümmungsperspektive ihrer Bilder an jene Fresken erinnert, auf denen die frühchristlichen Maler versuchten, den Himmel darzustellen.

Von Sogols Seite waren es:
Arthur Beaver, Engländer, zwischen fünfundvierzig und fünfzig Jahre alt, Arzt, Sportsegler und Alpinist. Kennt die lateinischen Namen und Besonderheiten aller Gebirgspflanzen und Gebirgstiere. Fühlt sich glücklich erst ab 15.000 Fuß Höhe. Dank welcher Hilfsmittel er wie viel Zeit auf einem der Gipfel des Himalaya verbrachte, hat er mir verboten mitzuteilen, mit der Begründung, dass er „als Arzt wie als Gentleman wie als Alpinist den Ruhm wie die Pest scheue". Er war groß und knochig. Sein blondes, graumeliertes Haar war heller als die sonnengebräunte Haut sei-

nes Gesichts. Der Ausdruck seines Mundes wechselte zwischen Naivität und Ironie.
Hans und Karl, zwei Brüder, die jeder nur beim Vornamen nannte, fünfundzwanzig beziehungsweise achtundzwanzig Jahre alt, Österreicher, virtuose Kletterkünstler. Beide blond, aber das Gesicht des einen eher eiförmig, das den anderen mehr rechteckig. Eiserne Muskeln und Fäuste. Hans studierte Mathematik, Physik und Astronomie, Karl interessierte sich für östliche Metaphysik.
Julie Bonasse, zwischen fünfundzwanzig und dreißig, eine belgische Schauspielerin, die zur Zeit in Paris, Brüssel und Genf ziemlichen Erfolg hatte. Sie war die Vertrauensperson eines Schwarms komischer junger Leute, die sie im Sinn höchster Spiritualität auf den rechten Weg zu bringen versuchte. Sie sagte mit der gleichen Überzeugung: „Ich liebe Ibsen“ wie: „Ich liebe Crème-Schnitten“, sodass dir das Wasser im Munde zusammenläuft. Sie glaubte an die Existenz der „Bergfee“ und lief im Winter Ski an Orten, wo es Lifts gab.
Benito Cicoria, um die Dreißig, Pariser Damenschneider. Klein, elegant und Hegelianer. Obwohl von Geburt Italiener, gehörte er einer Schule des Alpinismus an, die man auch die deutsche nennen könnte. Die Methode dieser Schule lässt sich wie folgt zusammenfassen: Man geht den Berg von seiner steilsten Seite und auf der unsichersten, am meisten von Steinschlag bedrohten Strecke in der Weise an, dass man, ohne auf bequemere Aufstiegsmöglichkeiten rechts oder links zu achten, auf kürzestem Weg den Gipfel anpeilt. Im Allgemeinen findet man dabei den Tod, aber ab und zu kommt eine Seilschaft auch mal ans Ziel.

Zusammen mit Sogol, meiner Frau und mir machte das zwölf Personen.
Die Eingeladenen trafen mehr oder weniger pünktlich ein. Als Erster erschien, eine Minute vor vier, Mister Beaver, und als Letzte kam, da eine Probe sie aufgehalten hatte, – immerhin nicht später als kurz nach halb fünf – Julie Bonasse.

Nachdem jeder jedem vorgestellt worden war, setzten wir uns an einen langen Tisch, und unser Gastgeber ergriff das Wort. Er wiederholte in groben Zügen unser Gespräch vom Sonntag zuvor, erklärte sich überzeugt davon, dass es den Berg Analog gebe und teilte mit, dass er im Begriff sei, eine Expedition dorthin auszurüsten.
„Die meisten von uns", fuhr er fort, „wissen bereits, wie es mir als erste Annäherung gelungen ist, das Feld abzustecken, wo der Berg zu suchen ist. Für die Wenigen, die noch nicht auf dem Laufenden sind, sowie zur Auffrischung des Gedächtnisses der Übrigen, werde ich die Aspekte des Problems und die von mir daraus gezogenen Schlussfolgerungen noch einmal wiederholen."
Er warf mir dabei einen halb boshaften, halb gebieterischen Blick zu, der mein Einverständnis zu seiner geschickten Lüge forderte. Denn wohlgemerkt, niemand war über etwas auf dem Laufenden. Aber dank dieser List hatten alle den Eindruck, zu einer noch nicht orientierten Minderheit zu gehören. So bildete sich jeder ein, dass die anderen schon überzeugt seien und war bereit, sich so rasch wie möglich auch überzeugen zu lassen. Diese Methode Sogols, „das Publikum in die Tasche zu stecken", wie er sich ausdrückte, sei die einfache Übertragung einer mathe-

matischen Methode, die darin besteht, „das Problem als gelöst zu betrachten", oder – mit einem für ihn bezeichnenden Sprung in die Chemie – „das Beispiel einer Kettenreaktion". Aber konnte man diese List, da sie ja doch im Dienst der Wahrheit stand, noch als Lüge bezeichnen? Jedenfalls spitzten alle die Ohren.

„Ich resümiere", sagte er, „die Voraussetzungen des Problems. Erstens muss der Analog um ein Vielfaches höher sein als die höchsten uns bekannten Berge. Sein Gipfel darf mit den üblichen Mitteln nicht zugänglich sein. Aber da er der Weg ist, der den menschlichen Bereich mit höheren Regionen verbindet, muss sein Fuß zugänglich sein, das ist der zweite Punkt. Seine letzten Ausläufer müssen sogar von Wesen, die uns Menschen ähnlich sind, bewohnt werden. Sie dürfen sich also, was Klima, Flora, Fauna und kosmische Strahlung angeht, nicht allzu sehr von den Bedingungen unterscheiden, die bei uns herrschen. Da der Berg außerordentlich hoch ist, muss der Fuß breit genug sein, ihn zu tragen: Es muss sich also um eine Landmasse handeln, die mindestens so groß ist wie die größten uns bekannten Inseln, so groß wie Neuguinea oder Borneo oder Madagaskar, vielleicht sogar so groß wie Australien.

Dies vorausgesetzt, ergeben sich drei Fragen: Wieso ist diese Landmasse den Augen der Forschungsreisenden bisher entgangen? Wie kann man sie erreichen? Wo liegt sie?

Ich werde zunächst auf die erste Frage antworten, die am schwierigsten zu lösen scheint. Auf der Erde soll es einen Berg geben, der höher ist als die höchsten Gipfel des Himalaya, und niemand soll ihn bisher bemerkt haben? Dass es ihn gibt, wissen wir auf Grund des Analogie-Gesetzes. Zur Erklärung, dass man ihn

noch nicht bemerkt hat, bieten sich mehrere Hypothesen an. Einmal könnte er auf dem noch wenig erforschten australischen Kontinent liegen. Aber wenn man sich eine Karte dieses Kontinents vornimmt und mit Hilfe einer einfachen geometrischen Konstruktion das Feld absteckt, das von den dort vermessenen Punkten sichtbar wäre, wird man feststellen, dass ein Berg von mehr als achttausend Meter Höhe nicht hätte unbemerkt bleiben können – weder dort, noch auf einem anderen Erdteil."
In geographischer Hinsicht erschien mir dieses Argument reichlich anfechtbar. Aber glücklicherweise achtete niemand darauf. Er fuhr fort: „Sollte es sich vielleicht um einen unterirdischen Berg handeln? Gewisse Legenden, die vor allem in der Mongolei und in Tibet beheimatet sind, sprechen von einem unterirdischen Berg, der die Wohnstätte des ‚Herrn der Welt' sei und wo wie eine Art unerschöpflicher Kornvorrat die überlieferte Weisheit verwahrt werde. Aber das entspricht nicht der zweiten Voraussetzung des Analog, nämlich biologische Bedingungen zu bieten, die den unseren verwandt sind. Und selbst wenn es diese unterirdische Welt gäbe, würde sie wahrscheinlich in der Flanke des Bergs Analog liegen.

Da diese Hypothesen sich als nicht haltbar erweisen, müssen wir das Problem also anders sehen. Irgendwo auf der Erde muss es die von uns gesuchte Landmasse geben. Wir müssen also versuchen herauszubekommen, auf Grund welcher Umstände sie nicht nur für Schiffe und Flugzeuge und andere Fahrzeuge unzugänglich ist, sondern sich sogar unseren Blicken entzieht. Theoretisch wäre es nämlich durchaus möglich, dass sie hier auf diesem Tisch läge, ohne dass

auch nur einer von uns es im mindesten vermuten würde. Um Ihnen die Sache klar zu machen, erlaube ich mir, Ihnen in der Form eines analogen Beispiels zu demonstrieren, wie es sich damit verhalten muss."
Er holte aus dem Nebenzimmer einen Suppenteller, stellte ihn auf den Tisch und goss Öl hinein. Dann zerriss er ein Stück Papier in kleine Fetzen, die er auf die Oberfläche des Öls warf.
„Ich habe Öl genommen, weil sich diese zähe und klebrige Flüssigkeit für das Experiment besser eignet als Wasser. Die ölige Oberfläche ist die Erdoberfläche, dies Stück Papier ein Erdteil und dies kleinere Stück ein Schiff. Mit der Spitze dieser Nadel schiebe ich das Schiff auf den Erdteil zu. Sie sehen, dass es mir nicht gelingt, dort ganz anzukommen. Sobald es sich dem Ufer auf einige Millimeter nähert, wird es von dem Ölring, der den Erdteil umgibt, abgestoßen. Wenn ich es etwas stärker schiebe, gelingt es natürlich. Nehmen wir nun an, die Oberflächenspannung wäre stark genug, dann würden Sie mein Schiff um den Erdteil herumfahren sehen, ohne dass es ihn jemals berührte. Nehmen Sie weiter an, dass die Struktur des Ölrings, der den Erdteil umgibt, nicht nur Körper, die wir „materiell" nennen, sondern auch Lichtstrahlen abstieße. Die Mannschaft des Schiffes würde unter diesen Umständen nicht nur den Erdteil umfahren, ohne ihn zu berühren, sie würde ihn nicht einmal zu Gesicht bekommen.
Für das Weitere wird diese Analogie jetzt zu grob, wir lassen sie also auf sich beruhen. Wie wir wissen, übt tatsächlich jeder Körper auf die ihn erreichenden Lichtstrahlen eine abstoßende Kraft aus. Diese von Einstein theoretisch erschlossene Tatsache ist anlässlich der Sonnenfinsternis vom 30. Mai 1919 von

den Astronomen Eddington und Crommelin bestätigt worden. Sie haben festgestellt, dass ein Stern, der sich von uns aus gesehen bereits hinter der Sonnenscheibe befand, gleichwohl noch sichtbar war. Diese Abweichung ist natürlich nur gering. Aber sollte es nicht für uns noch unbekannte – aus eben diesem Grund noch unbekannte – Stoffe geben, die eine weit stärkere Krümmung des Raums hervorrufen? Es muss wohl so sein, denn es ist die einzig mögliche Erklärung dafür, dass die Menschheit bisher von der Existenz des Analog nichts weiß.
Das also habe ich, indem ich die nicht haltbaren Hypothesen einfach ausschloss, inzwischen herausgefunden: Irgendwo auf der Erde gibt es einen Kontinent von einigen Tausend Kilometern Umfang, über dem sich der Berg Analog erhebt. Das Fundament dieses Erdteils besteht aus Stoffen, die den ihn umgebenden Raum in einer Art krümmen, dass der ganze Erdteil wie in einer Schale steckt. Woher kommen diese Stoffe? Sind sie außerirdischen Ursprungs? Stammen sie aus der Mittelpunkt-Region der Erde, über deren Natur wir so wenig wissen, dass alles, was wir den Geologen zufolge darüber sagen können, sich darauf beschränkt, dass es in ihr weder in festem noch flüssigem noch im Gaszustand so etwas wie Stoff geben kann? Ich weiß es nicht, aber wir werden es vor Ort früher oder später erfahren. Man kann im Übrigen noch folgern, dass die Schale, von der ich sprach, nicht vollständig geschlossen sein kann. Sie muss nach oben hin offen sein, um die für das Leben von Menschen nötige Sonnen- und sonstige Strahlung einzulassen. Sie muss sich auch ein gutes Stück nach unten fortsetzen und aus dem gleichen Grund nach dorthin ebenfalls offen sein.“

Er stand auf und zeichnete eine Skizze auf eine Tafel. „So in etwa können wir uns – schematisch – den Raum dort vorstellen. Die gestrichelten Linien geben den Weg wieder, den die Lichtstrahlen nehmen. Sie sehen, dass sich diese Linien zum Himmel hin verbreitern und wieder in den allgemeinen Raum einmünden. Diese Verbreiterung muss aber erst in einer so großen und oberhalb der dichten Erdatmosphäre gelegenen Höhe stattfinden, dass nicht daran zu denken ist, in die Schale von oben mit Hilfe von Flugzeugen oder Ballons einzudringen.

Stellen wir uns jetzt die Sache aus der Vogelperspektive vor, so erhalten wir folgendes Schema: Die Region des Analog selbst darf keinerlei Anomalie bezüglich des Raumes haben, da Wesen wie wir in ihr leben können mussen. Es handelt sich um einen mehr oder weniger ausgedehnten, unüberschreitbaren Krümmungsring, der den Kontinent in einem bestimmten Abstand mit einer sowohl unsichtbaren wie unüberwindlichen Mauer umgibt. Dank dieser Mauer spielt sich dann alles so ab, als gebe es den Berg Analog nicht. Nehmen wir an – warum, werde ich Ihnen noch erklären –, dass der gesuchte Kontinent eine Insel sei und dass sich ein Schiff an ihm entlang auf der Fahrt von A nach B befinde.

Wir selber sind auf diesem Schiff, und auf B steht ein Leuchtturm. Ich sehe nun von Punkt A genau in der Fahrtrichtung des Schiffes durch ein Fernrohr. Ich erblicke den Leuchtturm B, dessen Lichtstrahlen den Berg Analog in einem Halbkreis umgangen haben, und ahne nicht einmal, dass zwischen ihm und mir eine Insel mit hohen Gebirgen liegt. Ich setze meine Fahrt fort. Die Raumkrümmung lenkt sowohl das Licht der Sterne wie die Kraftlinien des Magnetfeldes der Erde so ab, dass ich trotz Sextant und Kompass immer der Überzeugung bleibe, mich auf einer geraden Linie zu bewegen. Ohne dass dazu das Ruder bewegt werden müsste, wird sich das Schiff mit allem, was es an Bord hat, auf der Fahrt von A nach B in der Weise krümmen, wie ich es auf der Zeichnung skizziert habe. Die Insel könnte also die Ausdehnung Australiens haben und es wäre doch möglich, dass keiner sie je bemerkt hat. Verstehen Sie jetzt?"

Miss Pancake wurde plötzlich blass vor Aufregung. „Aber das ist doch die Geschichte des Zauberers Merlin, den seine Geliebte Viviane in einen Weißdornbusch gebannt hat! Ich hatte diese Geschichte immer für dumm und eine allegorische Zutat gehalten, die erst später von Leuten, die nichts verstanden hatten, hinzugefügt wurde. Jetzt begreife ich sie: Eben durch seine Natur ist Zauberer Merlin unseren Blicken verborgen." Sogol schwieg einige Sekunden, um zu zeigen, wie sehr er Miss Pancakes plötzlichen Einfall schätzte. „Aber wird ihr Kapitän", fragte Mister Beaver endlich, „nicht eines Tages bemerken, dass er, um von A nach B zu kommen, mehr Kohle verbraucht als gewöhnlich?"

„Keineswegs! Denn indem er der Krümmung des Raumes folgt, verlängert sich auch das Schiff dementsprechend; das lässt sich mathematisch beweisen. Die Maschinen verlängern sich, jedes einzelne Stück Kohle verlängert sich."

„Oh, ich verstehe: Es kommt tatsächlich auf dasselbe heraus. Aber wie soll man unter diesen Umständen je auf der Insel landen können – selbst wenn sich ihre geographische Position bestimmen ließe?"

„Das war die zweite der zu lösenden Fragen, und ich habe sie gelöst, indem ich auch hier derselben Metho-

de gefolgt bin: der Methode nämlich, das Problem als bereits gelöst anzusehen und dann alle Folgerungen zu ziehen, die sich logischerweise daraus ergeben. Diese Methode übrigens hat mich noch nie im Stich gelassen, auf welchem Gebiet auch immer.
Um das Mittel zu finden, zu der Insel vorzudringen, müssen wir sowohl die Möglichkeit wie auch die Notwendigkeit, zu ihr vorzudringen, als gegeben annehmen. Die einzige haltbare Hypothese in diesem Fall ist die, dass die „Krümmungsschale" nicht absolut, das heißt immer und für alle, undurchdringlich ist. In einem bestimmten Augenblick und an einer bestimmten Stelle müssen bestimmte Personen (die, die wissen und wollen) sie durchdringen können. Dieser besondere Augenblick, den wir suchen, muss durch eine Zeiteinheit bestimmt sein, die dem Berg Analog und der übrigen Welt gemeinsam ist. Durch eine natürliche Uhr also – vermutlich durch den Lauf der Sonne. Diese Hypothese wird von gewissen Überlegungen analogischer Natur gestützt und schließlich dadurch bestätigt, dass sie noch eine andere Schwierigkeit aus dem Weg räumt. Kehren wir noch einmal zu unserem ersten Schema zurück. Sie sehen, dass sich die Krümmungslinien nach oben hin verbreitern. Wie also soll die Sonne auf ihrem täglichen Lauf der Insel ihre Strahlen zusenden? Man muss annehmen, dass die Sonne die Eigenschaft besitzt, den Raum, der die Insel umgibt, zu „entkrümmen". Sie muss also bei ihrem Auf- wie bei ihrem Untergang in gewisser Weise ein Loch in die Schale bohren, und durch dieses Loch werden wir die Insel betreten."
Die Kühnheit und logische Überzeugungskraft dieser Deduktion machte uns sprachlos. Alle schwiegen. Alle waren überzeugt.

„Gleichwohl bleiben theoretisch noch einige Punkte“, fuhr Sogol fort, „die mir nicht klar sind. Zum Beispiel weiß ich nicht, wie ich mir das genaue Verhältnis zwischen dem Berg Analog und der Sonne vorzustellen habe. Aber praktisch gibt es keine Zweifel. Es genügt, eine Position östlich oder westlich des Analog zu erreichen, und entweder den Sonnenaufgang oder den Sonnenuntergang abzuwarten. Dann wird das Tor, so lange die Sonnenscheibe sich noch mit dem Horizont überschneidet, einige Minuten offenstehen, und durch dieses Tor werden wir, wie gesagt, die Insel betreten. Es ist schon spät. Ich will Ihnen ein anderes Mal – vielleicht während der Überfahrt – erklären, warum es möglich ist, sich der Insel von Westen und nicht von Osten zu nähern: sowohl aus einem symbolischen Grund als auch der Luftströmung wegen. Bleibt die dritte Frage, wo die Insel liegt.

Folgen wir hier wieder der gleichen Methode. Eine so schwere Masse wie die des Analog und seines Fundaments müsste in den verschiedenen Bewegungen unseres Planeten merkliche Anomalien hervorrufen und zwar einschneidendere als bisher beobachtet wurden. Aber der Analog existiert. Diese unsichtbare Anomalie der Erdoberfläche muss also von einer anderen Anomalie ausgeglichen werden. Nun will es das Glück, dass diese andere Anomalie sichtbar ist, so sichtbar sogar, dass sie Geologen und Geographen schon seit Langem aufgefallen ist. Sie besteht in der höchst merkwürdigen Verteilung von Land und Wasser auf der Erde, die sich beinah in eine Hemisphäre der Erde und eine Hemisphäre des Wassers aufteilt.“

Er nahm einen Globus von einem Bücherbrett und stellte ihn auf den Tisch.

„Hier kurz das Prinzip meiner Überlegungen. Ich zie-

he zunächst zwischen dem fünfzigsten und dem zweiundfünfzigsten Breitengrad eine parallel verlaufende Linie. Es ist die Linie, welche die meisten Landmassen schneidet. Sie läuft durch den Süden Kanadas und dann durch Südengland bis Sachalin. Ich ziehe nun den dazugehörenden Meridian. Er liegt zwischen dem zwanzigsten und dem achtundzwanzigsten Längengrad und verläuft von Spitzbergen bis Südafrika. Ich lasse ihm einen Spielraum von 8°, weil man das Mittelmeer sowohl als Meer im eigentlichen Sinn wie auch als großen Binnensee betrachten kann. Gewissen Überlieferungen zufolge müsste die beschriebene Linie genau die Cheopspyramide schneiden. Für das Prinzip der Sache spielt das jedoch keine Rolle.
Sie sehen, der Schnittpunkt der beiden Linien liegt irgendwo im östlichen Polen, in der Ukraine oder in Weißrussland, und zwar in dem Quadrat Warschau – Krakau – Minsk – Kiew."
„Wunderbar!", rief Cicoria, der Schneider und Hegelianer. „Ich verstehe! Da die gesuchte Insel eine größere Oberfläche haben muss als das genannte Quadrat, ist die Annäherung genau genug. Der Analog liegt also antipodisch zu diesem Gebiet ... einen Augenblick bitte ... jawohl, dort – südöstlich von Tasmanien und südwestlich von Neuseeland, westlich der Auckland-Inseln."
„Gut gedacht", sagte Sogol, „nur etwas zu schnell. Die Rechnung stimmte, wenn alle aus dem Wasser ragenden Teile der Erde die gleiche Dichte hätten. Aber einmal angenommen, wir schnitten aus einer kreisförmigen Karte des Erdreliefs alle Landmassen heraus und hängten das Ganze an einem in dem genannten Quadrat befestigten Faden auf. Es ist vorauszusehen, dass die amerikanischen, eurasischen und

afrikanischen Bergmassen, die nahezu alle unter dem fünfzigsten Breitengrad liegen, dem südlichen Teil des Erdreliefs ein starkes Übergewicht geben würden. Da das Gewicht des Himalaya und der Gebirgsmassive der Mongolei und Afrikas das der Gebirge Amerikas möglicherweise übersteigt, käme zusätzlich vielleicht noch eine leichte Gewichtsverlagerung nach Osten hinzu; aber das kann ich erst nach eingehenderen Berechnungen genauer sagen. Man muss also den Schwerpunkt der aus dem Wasser ragenden Teile der Erde stark nach Süden und vielleicht auch ein wenig nach Osten verschoben ansetzen. Das könnte uns auf den Balkan oder sogar nach Ägypten oder Chaldäa, dem Ort des biblischen Eden bringen, aber verlieren wir uns nicht in Vermutungen. Der Analog liegt jedenfalls im Südpazifik. Ich bitte Sie noch um einige Tage Geduld, damit ich meine Berechnungen abschließen kann. Dann brauchen wir noch Zeit für die Vorbereitungen, einmal für die Expedition selbst und dann auch zum Ordnen der persönlichen Angelegenheiten vor einer so langen Reise. Ich schlage vor, die Abfahrt auf Anfang Oktober festzusetzen, wir hätten dann noch zwei Monate Zeit und träfen im November, das heißt, wenn dort Frühling ist, im Südpazifik ein. Bleibt noch eine Reihe sekundärer, aber deshalb nicht unwichtiger Probleme zu lösen – beispielsweise, was die materielle Seite der Expedition betrifft."

Arthur Beaver sagte: „Meine Yacht Impossible ist ein gutes und seetüchtiges Schiff. Ich habe mit ihr eine Weltreise gemacht, sie wird uns sicher hinbringen. Was das nötige Geld betrifft, so werden wir sehen. Aber ich weiß schon jetzt, dass alles da sein wird, was wir brauchen."

„Für dieses gute Wort“, sagte Sogol, „haben Sie sich das Recht auf den Titel eines „Heilands der Milliardäre“ erworben, mein lieber Arthur. Trotzdem bleibt noch Arbeit genug, und jeder wird das Seinige dazu beitragen müssen. Setzen wir unsere nächste Zusammenkunft auf kommenden Sonntag um zwei Uhr fest. Ich werde Ihnen dann das Ergebnis meiner endgültigen Berechnungen mitteilen, und wir werden einen gemeinsamen Aktionsplan aufstellen.“

Wir tranken danach noch etwas, rauchten eine Zigarette, und nachdem wir uns durch das Dachfenster abgeseilt hatten, ging jeder für sich nachdenklich nach Hause.

In der Woche danach ereignete sich nichts, was berichtenswert wäre, es sei denn, dass ein paar Briefe kamen. Der erste war eine kurze und melancholische Mitteilung des Dichters Alphonse Camard, der bedauerte, dass ihm sein Gesundheitszustand nicht erlaube, sich uns anzuschließen. Um auf seine Weise dennoch an der Expedition teilzunehmen, schickte er mir einige „Bergsteigerlieder“ mit. Durch ihre Hilfe würden uns seine Gedanken auf unserem bewundernswerten Abenteuer begleiten, wie er sich ausdrückte.

Auch Emile Gorge, der Journalist, schrieb. Er hatte einem Freund versprochen, im August nach Oisans zu kommen und gemeinsam mit ihm den steilen Südhang des Pic Central der Meije-Gruppe zu ersteigen (man weiß, dass ein Stein, den man von diesem Gipfel hinabwirft, fünf bis sechs Sekunden braucht, bevor er unten aufschlägt). Danach müsse er zu einer Reportage nach Tirol, aber er wolle nicht, dass wir seinetwegen unsere Abreise verzögern. Im Übrigen bot er sich an, da er schon in Paris bleibe, alle Berichte, die wir ihm von unterwegs schickten, in Zeitungen unterzubringen.

Auch Sogol hatte zwei Briefe bekommen: einen sehr langen, rührenden und pathetischen Brief von Julie Bonasse, die sich zerrissen fühlte zwischen ihrer Kunst und ihrem Wunsch, sich uns anzuschließen. Es sei das härteste Opfer, das ihr das Theater bisher abverlangt habe, schrieb sie, und sie hätte sich auch fast dagegen gewehrt – doch was wäre dann aus ihren armen jungen Freunden geworden, deren Seelenpein sie zu lindern übernommen hatte?

„Wie?“, sagte Sogol, als er mir den Brief vorgelesen hatte, „das treibt Ihnen nicht das Wasser in die Augen? Sind Sie so verhärtet, dass Ihr Herz nicht wie eine Kerze schmilzt? Mich selber hat der Gedanke, dass sie vielleicht doch noch schwanken könnte, derart bewegt, dass ich ihr sofort geschrieben und sie darin bestärkt habe, bei ihrer Kunst und ihren Seelen zu bleiben.“

Dann hatte Benito Cicoria ihm noch geschrieben. Eine minutiöse Analyse seines Briefes, der zwölf Seiten lang war, brachte uns zu dem Schluss, dass auch er sich dafür entschieden hatte, uns nicht zu begleiten. Seine Gründe dafür waren in einer Folge „dialektischer Triaden“ angelegt, die zu resümieren unmöglich ist. Man konnte dem Brief allenfalls Satz für Satz folgen, und das war schon ein halsbrecherisches Unternehmen. Es wimmelte nur so von Ausdrücken wie „epistemologische Bedingung“, „prädiskursiver Inhalt“, „dialektischer Reversus“, „ontologisch orientierter Prozess“.

Vier waren es also, die kniffen, wie man sagt. Blieben acht. Sogol sagte mir übrigens, dass er mit einigen

Absagen gerechnet habe. Eben deshalb hätte er bei unserem Treffen behauptet, seine Berechnungen seien noch nicht abgeschlossen, obwohl sie es waren. Er wollte nicht, dass die genaue geographische Position des Analog über den Kreis der Expeditionsteilnehmer hinaus bekannt würde. Man wird noch sehen, dass diese Vorsichtsmaßnahme nicht nur berechtigt, sondern sogar noch unzulänglich war. Wenn alles sich genau Sogols Deduktionen entsprechend verhalten hätte und ein Teil des Problems ihm nicht entgangen wäre, hätte diese Unzulänglichkeit leicht zu einer schrecklichen Katastrophe führen können.

Drittes Kapitel,
welches das Kapitel der Überfahrt ist.

Ungelernte Seeleute – alle legen mit Hand an – historische und psychologische Details – das Maß für die Kraft des menschlichen Gedankens – dass wir höchstens bis vier zählen können – Experimente, die diese These stützen – die Lebensmittel – ein tragbarer Gemüsegarten – artifizielle Symbiose – Heizapparate – das Westtor und der Meereswind – Versuche, ob Gletscher Lebewesen sind – die Geschichte von den Hohlmenschen und der bitteren Rose – das Problem des Geldes.

Wie vorgesehen schifften wir uns am 10. Oktober auf der Impossible ein. Wir waren, wie man sich erinnern wird, acht: Arthur Beaver, der Besitzer der Yacht, Pierre Sogol, der Leiter der Expedition, Iwan Lapse der Linguist, die Brüder Hans und Karl, Judith Pancake, die Gebirgsmalerin, meine Frau und ich. Wir waren übereingekommen, niemandem etwas über das wirkliche Ziel unserer Expedition zu sagen, denn entweder hätte man uns für verrückt gehalten oder, was wahrscheinlicher war, man hätte geglaubt, wir erzählten seltsame Geschichten, um den wahren Zweck unseres Unternehmens zu verschleiern, über den man dann alle möglichen Vermutungen angestellt hätte. Wir hatten also gesagt, dass wir einige Inseln Ozeaniens sowie die Gebirge Borneos und Australiens erforschen wollten. Jeder von uns hatte Vorkehrungen für eine längere Abwesenheit von Europa getroffen.

Arthur Beaver legte Wert darauf, seine Schiffsmannschaft davon zu unterrichten, dass die Expedition von langer Dauer sein werde und möglicherweise sogar Gefahren mit sich bringe. Er hatte diejenigen seiner Leute, die Frau und Kinder hatten, mit einer Entschädigung entlassen und außer dem Kapitän, einem Iren und ausgezeichneten Seemann, für den die Impossible so etwas wie ein zweites Ich geworden war, nur drei verwegene Burschen behalten. Wir Acht hatten beschlossen, die fehlenden Seeleute so gut es ging zu ersetzen, übrigens die beste Art, uns während der Überfahrt nicht zu langweilen.
Wir waren natürlich zu diesem Beruf keineswegs besonders geeignet. Einige von uns litten unter Seekrankheit, andere, die ihrer selbst etwa so sicher wa-

ren, als schwebten sie über einem vereisten Abgrund, ertrugen nur mit größtem Unbehagen das Stampfen unseres kleinen Schiffes. Der Weg zur Erfüllung höchster Wünsche führt eben oft über das Unerwünschte.
Jedes Mal, wenn der Wind günstig war, setzte die zweimastige Impossible Segel. Hans und Karl lernten rasch, mit ihnen umzugehen. Ihre Körper verstanden sich auf Segel, Luft und Wind genauso gut, wie sie sich auf Seil und Fels verstanden. Die beiden Frauen verrichteten Wunder in der Küche. Sogol assistierte dem Kapitän, indem er die Position bestimmte, die Arbeit einteilte und uns half, die notwendigen Handgriffe zu erlernen. Arthur Beaver wusch das Deck und wachte über unsere Gesundheit. Iwan Lapse machte sich mit den Maschinen vertraut, und aus mir wurde ein leidlicher Kohlenträger.
Der Zwang harter gemeinsamer Arbeit machte aus uns eine große Familie, und dazu eine, wie man sie selten findet. Dabei waren wir in Charakter und Veranlagung so verschieden wie nur möglich, und es kam vor, dass zum Beispiel Iwan Lapse fand, Miss Pancake mangle es hoffnungslos an Sinn für präzise Wortbedeutungen. Hans sah mich schief an, wenn ich etwas obenhin von den „angeblich exakten Wissenschaften" sprach, und Karl arbeitete nicht gern mit Sogol zusammen, der, wie er behauptete, nach Buschmann roch, wenn er schwitzte. Mich wiederum brachte der zufriedene Gesichtsausdruck auf, den Beaver jedes Mal zeigte, wenn er Hering zu essen bekam. Dabei war es derselbe gute Beaver, der als Arzt und Besitzer unseres Schiffes dafür sorgte, dass uns weder physisch noch psychisch irgendeine Krankheit befiel. Immer wenn einer von uns anfing, die Art zu

gehen, zu sprechen, zu essen eines anderen als aufreizend zu empfinden, brachte er es mit sanftem Spott fertig, die Sache wieder einzurenken.

Wollte ich diese Geschichte so schreiben, wie man gemeinhin Geschichten schreibt oder wie jeder sich selber seine Geschichte erzählt, als imaginäres Kontinuum nämlich, in dem nur die großartigen Augenblicke vorkommen, würde ich diese Details auslassen und dafür sagen, dass unsere Herzen Tag und Nacht im Takt desselben Wunsches schlugen. Aber das Feuer, das die Wünsche anheizt und die Gedanken beflügelt, hält immer nur wenige Sekunden lang. Die übrige Zeit lebt man von der Erinnerung.
Glücklicherweise ließ uns die schwere tägliche Arbeit, zu der alle ihren Teil beizutragen hatten, nie vergessen, dass wir aus freiem Willen hier waren, dass wir aufeinander angewiesen waren und dass dieses ein Schiff war, also eine vorübergehende Wohnung, nur dazu bestimmt, uns woanders hinzubringen. Und wenn es doch einmal einer vergaß, brachten es ihm die anderen schnell wieder ins Bewusstsein.
Vater Sogol hatte uns bei einer dieser Gelegenheiten erzählt, er habe früher einmal Experimente gemacht, um die Kraft der menschlichen Gedanken zu messen. Ich gebe hier nur das wieder, was ich davon verstanden habe. Zuerst hatte ich mich gefragt, ob und wieweit man Sogol wörtlich nehmen dürfe, und ich hatte ihn meiner Lieblingsbeschäftigung entsprechend als einen Erfinder „abstrakter Symbole“ bewundert, in denen etwas Abstraktes für etwas Konkretes eintritt. Inzwischen habe ich begriffen, dass das Gegensatzpaar abstrakt – konkret nicht viel Sinn hat, was ich übrigens auch schon bei Xenophanes von Elea oder

selbst bei Shakespeare hätte lernen können: Eine Sache ist, oder sie ist nicht. Sogol hatte also versucht, „den Gedanken zu messen“, und zwar nicht im Sinn der „Psychotechniker“ und Testpsychologen, die sich darauf beschränken, die Art, wie jemand etwas tut (übrigens oft fern aller Gedanken), damit zu vergleichen, wie es im Allgemeinen Menschen diesen Alters tun. Für ihn handelte es sich vielmehr darum, die Kraft des Gedankens in absoluten Werten auszudrücken. „Diese Kraft“, sagte Sogol, „ist arithmetisch. Jeder Gedanke beruht nämlich auf der Fähigkeit, die Unterteilungen eines Ganzen zu erfassen. Nun sind aber auch die Zahlen nichts anderes als Unterteilungen eines – gleichviel welchen – Ganzen. Ich beobachtete also an mir und an anderen, wie viele Zahlen ein Mensch tatsächlich denken, das heißt sich vorstellen kann, ohne sie durcheinanderzubringen und ohne sie aufzuschreiben. Ebenso wie viele aus einer Voraussetzung sich ergebende Folgerungen er auf einmal zu überblicken imstande ist; wie viele zu einer Gattung gehörende Arten; wie viele Beziehungen zwischen Ursache und Wirkung, Zweck und Mittel – und ich bin nie über vier hinausgekommen. Diese Zahl entspricht sogar einer erstaunlichen, nur selten gemachten Anstrengung. Der Idiot bringt es nicht auf mehr als eins, die meisten Menschen bringen es auf zwei, manchmal auf drei, nur ausnahmsweise auf vier. Wenn Sie wollen, werde ich einige dieser Experimente mit Ihnen wiederholen. Passen Sie auf.“

Um das Folgende zu verstehen, muss man sich den Experimenten guten Willens unterziehen. Außerdem gehören dazu noch Aufmerksamkeit, Geduld und Ruhe.

Sogol fuhr also fort: „Erstens: Ich ziehe mich an, um aus dem Haus zu gehen; zweitens: Ich gehe aus dem Haus, um einen Zug zu erreichen; drittens: Ich muss den Zug erreichen, um zur Arbeit zu fahren; viertens: Ich muss arbeiten, um meinen Lebensunterhalt zu verdienen ... Versuchen Sie, dieser Kette noch ein fünftes Glied anzuhängen, und ich bin sicher, dass Sie mindestens eins der drei ersten aus dem Sinn verlieren."
Wir machten das Experiment: Was Sogol gesagt hatte, stimmte. Er hatte sogar noch ein bisschen untertrieben. „Nehmen Sie jetzt eine andere Kette: Erstens: Eine Bulldogge ist ein Hund; zweitens: Hunde sind Säugetiere; drittens: Säugetiere sind Wirbeltiere; viertens: Wirbeltiere sind Tiere ... Ich gehe nun noch einen Schritt weiter und sage: Tiere sind Lebewesen – im gleichen Moment habe ich „Bulldogge" vergessen oder vergesse „Wirbeltiere". Sie werden bei allen Gedankenketten oder logischen Unterteilungen das gleiche Phänomen feststellen. Deshalb nehmen wir dauernd das Zufällige für die Substanz, die Wirkung für die Ursache, das Mittel für den Zweck, unseren Körper oder unseren Intellekt für uns selber und uns selber für etwas Ewiges."

Die Laderäume unseres kleinen Schiffes waren mit Vorräten, Apparaten und Instrumenten gefüllt. Beaver hatte das Problem der Lebensmittel, die mitgenommen werden sollten, nicht nur methodisch, sondern auch mit großem Einfallsreichtum behandelt. Fünf Tonnen mussten genügen, uns Acht und die vier Mann Besatzung zwei Jahre lang ausreichend zu ernähren – wobei der schlimmste Fall gesetzt war, dass wir unterwegs keine Gelegenheit finden würden,

unsere Vorräte zu ergänzen. Die Kunst, sich richtig zu ernähren, ist ein wichtiger Bestandteil des Alpinismus, und Beaver hatte es darin zu einem hohen Grad von Vollendung gebracht. Das klassische Mahl der Picknicks aus kaltem Fleisch, Wurst, Ölsardinen, Wein, Apfelsinen und Ähnlichem wirkt in großen Höhen leicht toxisch. Andererseits fehlt es der gewöhnlichen Nahrung des Bergsteigers: getrocknete Früchte, Zucker, Fett und Mehlprodukte, für Unternehmungen von längerer Dauer an Füll- und katalytischen Stoffen, so gut das auch für Wanderungen von ein bis zwei Tagen sein mag.
Beaver hatte einen „tragbaren Gemüsegarten" erfunden, der nicht mehr als fünfhundert Gramm wog. Er bestand aus einem mit synthetischer Erde gefüllten Kasten, in den man besonders schnell wachsende Sorten säte. Jeder dieser Kästen lieferte im Durchschnitt alle zwei Tage die für eine Person ausreichende Portion Grünzeug, dazu noch eine Handvoll leckerer kleiner Pilze. Beaver hatte auch versucht, sich die neuesten Methoden künstlicher Gewebekultur zunutze zu machen (anstatt Rinder aufzuziehen, könne man genauso gut direkt Beefsteaks züchten, meinte er). Aber die Vorrichtungen dazu hatten sich als zu schwer und zu empfindlich erwiesen und die damit erzielten Produkte als unappetitlich. So hatte er seine Versuche wieder aufgegeben. Besser, auf Fleisch zu verzichten.
Dafür hatte Beaver mit Hilfe von Hans die Atmungs- und Heizgeräte verbessert, die er im Himalaya benutzt hatte. Besonders das Atmungsgerät war höchst einfallsreich. Dem Gesicht wurde eine Maske aus elastischem Stoff angepasst und die ausgeatmete Luft durch einen Schlauch in den „tragbaren Gemü-

segarten“ geleitet, wo sich das Chlorophyll der jungen Pflanzen, das durch die ultraviolette Strahlung, die in großen Höhen besonders stark ist, noch aktivierte. Das Chlorophyll bemächtigte sich des in der Kohlensäure enthaltenen Kohlenstoffs und gab dem Menschen dafür eine zusätzliche Menge Sauerstoff zurück. Die Arbeit der Lungen und die Elastizität der Maske bewirkten einen leichten Überdruck, und das Gerät war so berechnet, dass es auf jeden Fall ein optimales Luftgemisch garantierte. Die Gemüsepflanzen nahmen den Überschuss an ausgeatmetem Wasserdampf auf, wodurch ihr Wachstum angeregt wurde. Dieser so im kleinsten Maßstab funktionierende biologische Kreislauf ermöglichte eine spürbare Ersparnis von Lebensmitteln. Kurz, die Kombination der beiden Geräte realisierte eine Art künstlicher Tier-Pflanzen-Symbiose. Die anderen Lebensmittel bestanden aus Konzentraten in Form von Mehl, gehärtetem Öl, Zucker, Milch- und Käsepulver. Für sehr große Höhen waren wir mit Sauerstoffapparaten und einem komplizierten Atemgerät ausgerüstet. Von den Diskussionen, zu denen dieses Material Anlass gab, und was schließlich aus ihm wurde, werde ich noch berichten.

Dr. Beaver hatte früher einmal Kleidung erfunden, die wegen eines in ihr wirkenden katalytischen Verbrennungsprozesses heizen konnte, hatte aber nach einigen Versuchen festgestellt, dass daunengefütterte Kleidung mit einer Luftschicht, die die Wärme hält, auch bei großer Kälte völlig ausreicht. Heizapparate waren nur nötig für Biwaks, und da konnte man auch die mit Petroleum geheizten Öfen nehmen, die zum Kochen dienten. Petroleum ist ein leicht zu transportierender Stoff, von dem schon geringe Mengen

viel Wärme erzeugen, vorausgesetzt allerdings, dass man einen Spezialofen verwendet, der eine vollständige – und dementsprechend auch geruchlose – Verbrennung garantiert. Da wir jedoch nicht wussten, zu welchen Höhen uns unsere Unternehmung führen würde, hatten wir für alle Fälle noch Kleidung mit einem Doppelfutter aus Asbest mitgenommen, das mit Platin überzogen war und in das man mit Alkoholdämpfen gesättigte Luft einließ.
Natürlich hatten wir auch alles übrige, dem Alpinisten unentbehrliche Material dabei, also Bergstiefel und alle Arten von Nägeln, Seile, Krampen, Hämmer, Karabinerhaken, Eispickel, Schneereifen, Skier. Nicht zu vergessen Instrumente wie Kompasse, Neigungs- und Höhenmesser, Barometer, Thermometer, Diopter und Fotoapparate. Auch Gewehre, Karabiner, Revolver, Hackmesser. Sogar Dynamit hatten wir mit, kurz alles, was man braucht, um für jede Möglichkeit gerüstet zu sein.
Sogol führte das Logbuch. Ich bin zu unerfahren in seemännischen Dingen, um von den Zwischenfällen unserer Fahrt berichten zu können, die im Übrigen weder zahlreich noch spektakulär waren. Nachdem wir von La Rochelle in See gestochen waren, machten wir Zwischenlandungen auf den Azoren, auf Guadeloupe und in Colon und erreichten, nachdem wir den Panamakanal passiert hatten, in der ersten Novemberwoche den Süd-Pazifik.
An einem dieser Tage erklärte uns Sogol, warum man versuchen müsse, von Westen (bei Sonnenuntergang) und nicht von Osten (bei Sonnenaufgang) zu dem unsichtbaren Erdteil vorzudringen. Weil sich nämlich dann vom Meer ein kalter Luftstrom erheben und auf die noch erhitzten unteren Hänge des

Analog stürzen müsse. So werde man von der Insel angesaugt, während man bei Annäherung von Osten (bei Sonnenaufgang) zurückgeschleudert werden könnte. Das war übrigens symbolisch schon vorauszusehen gewesen: Kulturen wandern nämlich auf dem Weg ihres natürlichen Verfalls von Osten nach Westen. Um zu den Quellen zurückzukehren, muss man also den umgekehrten Weg wählen.

Als wir das Gebiet erreicht hatten, das nach Sogols Berechnungen westlich des Analog lag, mussten wir eine Zeitlang herumsuchen. Wir kreuzten mit niedriger Geschwindigkeit, und jeden Abend kurz bevor der Sonnenball den Horizont berührte, drehten wir nach Osten ab und warteten, kaum atmend und mit weit aufgerissenen Augen, bis die Sonne verschwunden war. Das Meer war glatt, aber das Warten fiel uns schwer. Tag um Tag verging, und abends kamen immer die kurzen Minuten voller Angst und Hoffnung. An Bord der Impossible begannen sich Ungeduld und Zweifel bemerkbar zu machen.

Glücklicherweise hatte Sogol uns darauf vorbereitet, dass dieses Suchen uns ein bis zwei Monate kosten könne. Wir hielten durch. Um uns die schwierigen Stunden, die dem Sonnenuntergang folgten, zu erleichtern, erzählten wir uns Geschichten.

Ich erinnere mich, dass an einem Tag über Gebirgssagen gesprochen wurde. Mir komme es so vor, sagte ich, als sei das Gebirge ärmer an Sagen als der Wald und das Meer. Karl erklärte: „Das Gebirge hat keinen Platz für das Fantastische, weil seine Realität um vieles fantastischer ist als das, was man erfinden kann. Können Zwerge, Riesen, Drachen es an Gewalt und Geheimnis mit einem Gletscher aufnehmen? Gletscher sind Lebewesen, da sich ihre nahezu gleichbleibende Gestalt periodisch erneuert. Ein Gletscher ist ein Organismus mit einem vom übrigen Körper durch den Bruch deutlich zu unterscheidenden Kopf, dem Firnfeld, mit dem er Schnee und Felsbrocken verschlingt. Dann mit einem riesigen Bauch (von Spalten und Rinnen, die das überschüssige Wasser abführen, durchzogen), der die Verwandlung des Schnees in Eis vollzieht. Und schließlich mit einem Unterteil, das in Form von Moränen die unverdaulichen Reste ausscheidet. Sein Leben wird vom Rhythmus der Jahreszeiten bestimmt. Er schläft im Winter und erwacht mit gewaltigem Krachen im Frühjahr. Einige Gletscher pflanzen sich sogar auf eine Weise fort, die kaum primitiver ist als die der Einzeller, nämlich durch Trennung oder Verschmelzung."

„Das klingt mir eher nach Metaphysik als nach Wissenschaft", sagte Hans. „Lebewesen ernähren sich durch chemische Prozesse, während sich die Masse eines Gletschers durch physikalische und mechanische Prozesse wie Gefrieren und Schmelzen, Druck und Zug erhält."

„Meinetwegen", sagte Karl. „Trotzdem konnten die Naturwissenschaftler, sofern sie sich mit dem Studium der Übergangsformen zwischen Physik und Chemie oder Chemie und Biologie befassten, durch die Beobachtung von Gletschern nützliche Hinweise erhalten. Vielleicht hat die Natur hier einen ersten Versuch gewagt, mit Hilfe ausschließlich physikalischer Prozesse Lebewesen zu erschaffen."

„Das Wort ‚vielleicht' hat für mich keinen Sinn", sagte Hans. „Es steht fest, dass die Substanz eines Gletschers keinen Kohlenstoff enthält und also keine organische Substanz ist."

Iwan Lapse, der sich darin gefiel, mit seiner Kenntnis der Weltliteratur zu glänzen, unterbrach ihn. „Trotzdem hat Karl recht. Schon Victor Hugo, als er vom Rigi zurückkam, der zu jener Zeit kein wirklich hoher Berg mehr war, hat bemerkt, dass der Anblick hoher Gipfel unseren normalen optischen Gewohnheiten derart widerspricht, dass das Natürliche den Charakter des Übernatürlichen annimmt. Er hat sogar behauptet, dass ein durchschnittlicher menschlicher Verstand diese Störung seiner Sehgewohnheiten nicht ertrage, und erklärt daraus die hohe Zahl von Geisteskranken in Gebirgsregionen."

„Das Letzte ist Unsinn", sagte Arthur Beaver, „aber sonst stimmt es. Miss Pancake zeigte mir noch gestern Gebirgslandschaften, die das, was Sie sagen, bestätigen."

Miss Pancake warf, ungeschickt gestikulierend, ihre Teetasse um. Beaver fuhr fort: „Aber Sie täuschen sich, wenn Sie meinen, das Gebirge sei arm an Sagen. Ich habe viele und sehr merkwürdige gehört, wenn auch nicht in Europa."

„Erzählen Sie", lud Sogol ihn ein. „Nicht so schnell", sagte Beaver. „Ich will Ihnen gerne eine dieser Geschichten erzählen, obwohl ich den Menschen, von denen ich sie gehört habe, das Versprechen geben musste, nicht zu verraten, woher sie stammt. Doch das spielt keine Rolle. Ich möchte sie aber so genau wie möglich erzählen, und dazu muss ich mich erst einmal auf das Original besinnen. Dann soll mir Freund Lapse beim Übersetzen helfen. Morgen Nachmittag also, wenn Sie wollen."

Am nächsten Tag, die Yacht lag aufgebrasst auf der immer noch glatten See, setzten wir uns nach dem Mittagessen zusammen, um Beavers Geschichte zu hören. Im Allgemeinen sprachen wir Englisch miteinander, manchmal auch Französisch, denn jeder von uns kannte sich ganz gut in beiden Sprachen aus. Iwan Lapse hatte für seine Übersetzung das Französische gewählt und las auch selbst vor.

Geschichte von den Hohlmenschen und der bitteren Rose.

„Die Hohlmenschen wohnen im Stein; sie bewegen sich darin in Gestalt wandernder Kavernen. Im Eis bewegen sie sich in Gestalt menschenartiger Blasen. An die Luft wagen sie sich nicht, weil der Wind sie dann davontragen würde. Im Stein haben sie Häuser, deren Mauern aus Löchern bestehen, und im Eis Zelte, deren Tuch Blasen sind. Tagsüber bleiben sie im Stein und nachts irren sie im Eis umher, wo sie bei Vollmond tanzen. Aber an die Sonne kommen sie nie, damit sie nicht platzen.

Sie essen nur Leeres. Sie essen die Form von verendeten Tieren, und sie berauschen sich an leeren Worten – an allen leeren Worten, die wir sprechen. Manche sagen, dass es sie immer gab und immer geben wird. Andere sagen, sie seien Tote. Wieder andere sagen, dass jeder Lebende, so wie zum Degen die Scheide gehört und zum Fuß die Spur, in einem dieser Hohlmenschen sein Gegenstück hat und dass sich, wenn er stirbt, beide vereinen.

Im Dorf der Hundert Häuser lebten der alte Zauberpriester Kissee und seine Frau Hulee-Hulee. Sie hatten zwei Söhne, die hießen Mo und Ho, Zwillinge, die nicht zu unterscheiden waren. Selbst ihre Mutter verwechselte sie. Um sie auseinanderhalten zu können, hatte man am Tag der Namensgebung Mo eine

Kette mit einem kleinen Kreuz und Ho eine Kette mit einem kleinen Ring um den Hals gelegt.
Den alten Kissee plagte ein heimlicher Kummer. Nach der Tradition war sein ältester Sohn sein Nachfolger. Aber wer war sein ältester Sohn? Hatte er überhaupt einen ältesten Sohn?
Als sie das Jünglingsalter erreichten, waren Ho und Mo perfekte Bergsteiger. Man nannte sie die beiden ‚Überall-hindurch'. Eines Tages sagte der alte Kissee zu ihnen: ‚Demjenigen von euch, der mir die Bittere Rose bringt, werde ich das Große Wissen vermachen.'
Die Bittere Rose wächst auf den Gipfeln der höchsten Berge. Sobald einer, der davon gegessen hat, eine Lüge aussprechen will oder nur denkt, brennt ihm die Zunge. Er kann sie zwar noch sagen, aber er ist gewarnt. Einige haben die Bittere Rose gesehen: Ihren Erzählungen nach gleicht sie einer Art großer, vielfarbiger Flechte oder einem Schmetterlingsschwarm. Aber noch nie hat jemand sie pflücken können, denn bei der geringsten Regung von Angst in ihrer Nähe erschrickt sie und verschwindet im Fels. Auch sie zu begehren nützt nichts, denn wer sie begehrt, hat immer auch ein wenig Angst davor, sie zu ergreifen, und sofort ist sie nicht mehr da.
Um etwas als unmöglich oder absurd zu bezeichnen, sagt man deshalb: ‚Das ist, als versuche man, die Bittere Rose zu pflücken.'
Mo nimmt also seine Seile, seinen Hammer, sein Beil und seine Haken. Die Sonne überrascht ihn auf einem der Hänge des ‚Durch-die-Wolken-Berges'. Er arbeitet sich mal wie eine Eidechse und mal wie eine Spinne zwischen dem Weiß der Schneefelder und dem Blauschwarz des Himmels die Rote Wand hinauf. Von Zeit zu Zeit hüllen ihn kleine, rasch vorüber-

ziehende Wolken ein, um ihn gleich darauf wieder freizugeben.
Da sieht er ein Stück über sich die Bittere Rose. Sie strahlt im Glanz von Farben, die nicht die Farben des Spektrums sind. Unaufhörlich sagt er sich den Zauberspruch vor, den sein Vater ihn gelehrt hat und der vor der Furcht bewahrt.
Um sich hinaufschwingen zu können, braucht er einen Ringbolzen für sein Seil. Er schlägt ihn mit dem Hammer in den Stein, und seine Hand versinkt in einem Loch. Hinter der Felskruste ist ein Hohlraum. Er schlägt den Stein weg und stellt fest, dass der Hohlraum die Form eines Menschen hat: Leib, Arme und zwei im Schmerz verkrampfte Hände. Den Kopf hat sein Hammer getroffen.
Ein eisiger Wind streicht über die Wand. Mo hat einen Hohlmenschen getötet. Er hat gezittert, und die Bittere Rose ist im Fels verschwunden.
Mo kehrt ins Dorf zurück und sagt zu seinem Vater: ‚Ich habe einen Hohlmenschen getötet. Aber ich habe die Bittere Rose gesehen, und morgen gehe ich sie holen.‘
Der alte Kissee versank in Trübsinn. Er sah eine Kette von Unglück auf sich zukommen. Er sagte: ‚Nimm dich in Acht vor den Hohlmenschen. Sie werden versuchen, den Toten an dir zu rächen. In unsere Welt können sie nicht hinein. Aber sie können bis an die Oberfläche der Dinge kommen. Hüte dich vor der Oberfläche der Dinge.‘
Im Morgengrauen des nächsten Tages stieß Hulee-Hulee, die Mutter, einen Schrei aus, stand auf von ihrem Bett und rannte in die Berge. Am Fuß der Roten Wand lagen Mos Kleider, seine Seile, sein Hammer und seine Halskette mit dem Kreuz. Er selber war

nicht mehr da. ‚Ho, mein Sohn', rief sie, ‚sie haben deinen Bruder getötet.'
Ho beißt die Zähne zusammen. Seine Haare sträuben sich. Er packt sein Beil und will gehen. Sein Vater sagt: ‚Höre erst, was du tun musst. Die Hohlmenschen haben deinen Bruder geraubt. Sie haben ihn in einen Hohlmenschen verwandelt. Er wird alles tun, um ihnen zu entfliehen. Er wird zum Glasklaren Gletscher kommen und in den Eisblöcken an dessen Tor das Licht suchen. Lege dir seine und deine Kette um den Hals. Geh auf ihn zu, schlag ihm auf den Kopf und tritt in die Hohlform seines Körpers ein. Dann ist Mo wieder bei uns. Fürchte dich nicht davor, einen Toten zu töten.'
Auf dem blau schimmernden Eis des Glasklaren Gletschers sieht Ho sich überall um. Täuscht ihn das Spiel des Lichts, oder täuschen ihn seine Augen, oder sieht er tatsächlich, was er sieht? Er sieht seinen Bruder Mo, das heißt dessen Hohlform, die flieht, und hinter ihm Hohlmenschen, die ihn verfolgen, sich aber vor dem Licht fürchten. Mos Form flieht zum Licht, erreicht einen der blau schimmernden Eisblöcke und dreht sich um sich selbst, als suche sie nach einem Ausgang. Ho stürzt hinzu, obwohl ihm das Blut in den Adern gerinnt und sein Herz stockt. ‚Fürchte dich nicht, einen Toten zu töten', sagt er zu seinem Blut und zu seinem Herzen, holt mit dem Beil aus und trifft die Form auf den Kopf. Mos Form erstarrt. Ho schlägt den Eisblock auf und schlüpft in Mos Form, die ihm passt wie dem Degen die Scheide und dem Fuß seine Spur. Dann befreit er sich wieder aus dem Eismodel und hört sich Worte sagen in einer Sprache, die er nie gesprochen hat. Er fühlt, dass er Ho und Mo zugleich ist. Alle Erinnerungen Mos sind

auf ihn übergegangen, auch der Weg zum Gipfel des Durch-die-Wolken-Berges und der Standort der Bitteren Rose. Die Kette mit dem Ring und die Kette mit dem Kreuz um den Hals, kehrt er zu Hulee-Hulee zurück. ‚Mutter, jetzt brauchst du uns nicht mehr auseinanderzuhalten. Mo und Ho sind jetzt ein Leib. Ich bin dein einziger Sohn Moho.‘
Der alte Kissee vergoss ein paar Tränen, dann glättete sich sein Gesicht wieder. Aber ein Zweifel blieb noch, den er beseitigen wollte. Er sagte: ‚Du bist mein einziger Sohn. Ho und Mo brauchen sich nicht mehr zu unterscheiden.‘
Aber Moho sagte standhaft: ‚Jetzt kann ich dir die Bittere Rose bringen. Mo weiß den Weg und Ho weiß, wie man sie pflückt. Ich, der Bezwinger der Angst, werde die Blume der Unterscheidung erringen.‘
Er pflückte die Blume, erbte das Wissen, und der alte Kissee konnte die Welt verlassen.“

Auch an diesem Abend ging die Sonne unter, ohne uns das Tor zu der anderen Welt geöffnet zu haben. Noch ein Problem hatte uns während dieser Tage stark beschäftigt. Man besucht nicht ein fremdes Land, zumal wenn man dort etwas zu erwerben vorhat, ohne sich genügend mit Geld zu versorgen. Im Allgemeinen führen Forschungsreisende zu Tauschzwecken mit „Wilden“, die ihnen begegnen könnten, oder mit „Eingeborenen“ allen möglichen Krimskrams mit – Messer, Spiegel, Kämme, Patenthosenträger und Strumpfhalter, Schnaps, Tabak und Tabakspfeifen, alte Gewehre, vergammelte Munition, Sacharin, Militärkäppis, Orden, von Devotionalien ganz zu schweigen.

Da wir im Lauf unserer Reise und vielleicht sogar im Innern des von uns gesuchten Kontinents auf Volksgruppen stoßen konnten, die zur gewöhnlichen Menschheit gehörten, hatten auch wir für solche zum Tausch dienende Waren gesorgt. Aber was sollte zwischen uns und den höher entwickelten Menschen des Analog als Tauschbasis dienen? Was besaßen wir, das wirklich Wert hatte? Womit könnten wir die neue Erkenntnis, die wir dort suchten, bezahlen? Würden wir sie am Ende erbetteln müssen oder auf Kredit kaufen?

Jeder von uns machte eine Art Bestandsaufnahme, und von Tag zu Tag fühlten wir uns ärmer, da wir weder in uns selbst noch außen etwas fanden, das uns wirklich gehörte. So waren es acht von Grund auf arme und von allem entblößte Menschen, die, als ein bestimmter Abend kam, die Sonne untergehen sahen.

Viertes Kapitel, welches das Kapitel ist, in dem wir ankommen und unser Geldproblem eine präzise Form annimmt.

Wir sind angelangt – alles ist neu und nichts überraschend – wir werden befragt – Einrichtung in Port-des-Singes – die alten Schiffe – das Geldsystem – der peradám als Währungsgrundlage – die Entmutigten des Küstenstreifens – Entstehung der Kolonien – Beschäftigungen voller leidenschaftlicher Hingabe – Metaphysik, Soziologie, Linguistik – Flora, Fauna und Mythen – Studien und Forschungsvorhaben – „Hallo, wann brechen Sie eigentlich auf?" – ein hässlicher Uhu – der unvorhergesehene Regen – Vereinfachung sowohl des äußeren wie des inneren Gepäcks – der erste peradám!

Langes Warten auf das Unbekannte setzt das mögliche Überraschungsmoment herab. Erst drei Tage sind wir in dem kleinen vorläufigen Haus in Port-des-Singes am Fuß des Analog, und schon ist uns alles vertraut. Von meinem Fenster aus sehe ich die Impossible in der Bucht vor Anker liegen, und das Meer, auf das sich die Bucht öffnet, ist genau wie andere Meere auch, nur dass sich sein Horizont einem optischen Phänomen zufolge, über das sich Sogol im Zimmer nebenan den Kopf zerbricht, mit dem Lauf der Sonne vom Morgen bis zum Mittag merklich hebt und dann, von Mittag bis Abend, wieder senkt.

Da man mich damit beauftragt hat, das Tagebuch unserer Expedition zu führen, versuche ich schon seit dem frühen Morgen, unsere Ankunft hier zu beschreiben. Aber es gelingt mir nicht wiederzugeben, wie alles gleichermaßen ungewöhnlich und doch auch selbstverständlich war. Ich habe versucht, mir die privaten Aufzeichnungen des einen und anderen meiner Reisegefährten zunutze zu machen, vielleicht damit es mir weiterhilft.
Ein wenig zählte ich auch auf die Fotos, die Hans und Karl gemacht hatten; aber beim Entwickeln stellte sich heraus, dass alle Filme leer waren. Unmöglich, mit dem üblichen Material hier etwas zu fotografieren – ein weiteres optisches Problem, das Sogol Kopfzerbrechen bereitet.
Drei Tage ist es also her, dass sich wieder einmal die Sonne dem Horizont näherte und wir ihr den Rücken zuwandten und uns auf dem Vorschiff versammelten – da plötzlich ein Wind, oder vielmehr ein starker Sog, der sich des Schiffes bemächtigte. Der Raum vor uns wich zurück und eine bodenlose Leere tat sich

auf: eine Art horizontaler Abgrund aus Wasser und Luft, zu unmöglichen Ringen vermischt. Das Schiff krachte in allen Fugen und glitt wie bei einem umgekehrten Stapellauf eine ansteigende Schräge hinauf dem Zentrum des Abgrunds zu, um sich gleich danach sanft schaukelnd in einer weiten, ruhigen Bucht wiederzufinden.

Das Ufer war nah genug, dass wir Bäume und Häuser erkennen konnten, darüber Äcker, Wiesen, Wälder und Felsen. Noch höher sahen wir die verschwimmenden Umrisse der Berggipfel, wie sie sich in die Tiefe schichteten, und in der Abenddämmerung rot flammende Gletscher. Eine Flottille von Barken, die mit je zehn Ruderern bemannt waren – trotz der braungebrannten nackten Oberkörper offensichtlich Europäer –, schleppte uns zu unserem Ankerplatz. Man hatte uns allem Anschein nach erwartet.

Die ganze Szenerie erinnerte stark an ein Fischerdorf am Mittelmeer. Wir fühlten uns keineswegs in etwas Fremdes versetzt. Der Anführer der Barken führte uns schweigend in ein weißes Haus, wo uns in einem leeren, mit roten Fliesen ausgelegten Zimmer ein Mann in Bergkleidung empfing. Er sprach perfekt Französisch, aber mit der heimlichen Belustigung eines Menschen, der die Ausdrücke, die er benutzen muss, um verstanden zu werden, reichlich komisch findet. Man merkte ihm an, dass er übersetzte, wenn auch fließend und ohne den kleinsten Fehler. Er befragte uns einen nach dem anderen. Jede seiner Fragen brachte uns in Verlegenheit und gab uns einen Stich, obwohl sie ganz einfach klangen: Wer wir waren. Warum wir hergekommen sind ... Ja, wer waren wir? Man konnte ihm nicht antworten, wie man einem Konsulatsangestellten oder Zöllner geantwortet hätte. Unsere Namen und Berufe angeben – was besagt das schon? Nicht was, sondern wer wir waren, wurde gefragt, und die Antworten, die wir gaben, waren albern und ohne Überzeugungskraft. Wir lernten schon jetzt, dass leere Worte bei den Bergführern des Analog keine Bedeutung haben. Sogol rettete die Situation, indem er kurz unsere Reise und deren Vorgeschichte beschrieb.

Auch der Mann, der uns empfangen hatte, war ein Bergführer. Alle Regierungsgewalt in diesem Land liegt bei ihnen. Sie bilden eine Klasse für sich und üben neben ihrem eigentlichen Beruf als Bergführer auch alle in den Küstensiedlungen und Orten des niederen Berglandes anfallenden Verwaltungstätigkeiten aus. Der Bergführer, mit dem wir sprachen, gab uns die notwendigen Erklärungen über das Land und über das, was wir zu tun hatten. Wir waren in einer kleinen Küstenstadt gelandet, die von Europäern, vor allem Franzosen, bewohnt war. Eingeborene gibt es hier nicht. Alle Einwohner sind genau wie wir von woanders hergekommen, und jede Nation hat ihre eigene, an der Küste gelegene Kolonie. Wie kam es dann aber, dass wir ausgerechnet auf diese, Port-des-Singes genannte und von Westeuropäern bewohnte Stadt gestoßen waren?

Wie wir später erfahren sollten, war das kein Zufall, und der Wind, der uns hergeführt hatte, war kein natürlicher Wind, sondern gehorchte einem Befehl. Aber warum dieser merkwürdige Name: Port-des-Singes – Affenhafen –, da es doch in der ganzen Region keinen einzigen Affen gab? Ich weiß es nicht. Ich weiß nur, dass mich dieser Name in wenig schmeichelhafter Weise an mein europäisches Erbe erinnerte: Neugier, Nachahmungstrieb, Schamlosigkeit und Hektik.

Unser Hafen konnte einfach nur Port-des-Singes sein. Von dort mussten wir zusehen, dass wir ein zwei Tagesmärsche entfernt in höheren Weidegründen gelegenes und als Expeditionsbasis dienendes Haus erreichten, wo wir den Bergführer treffen sollten, der uns weiterhelfen würde. Wir mussten also ein paar Tage in Port-des-Singes bleiben, um unser Gepäck und eine Trägerkolonne zusammenzustellen, denn die Basis musste für lange Zeit mit Vorräten versorgt werden. Wir wurden in ein sauberes, aber nur dürftig möbliertes kleines Haus gebracht, in dem jeder von uns eine Art Zelle bekam, in der er sich nach Belieben einrichtete. Außerdem gab es in dem Haus noch ein gemeinsames Zimmer mit einem Herd, wo wir unsere Mahlzeiten einnahmen und uns am Abend berieten.

Hinter dem Haus erhob sich über bewaldeten Ausläufern ein Schneegipfel. Vorn hinaus lag der Hafen, wo unser Schiff ankerte – der jüngste Beitrag zur seltsamsten Flotte der Welt. Dicht an dicht lagen in den Buchten der Küste Schiffe aller Länder und Zeiten, die ältesten bis zur Unkenntlichkeit mit Salz, Algen und Muscheln überkrustet. Phönizische Barken, Triremen, Galeeren, Karavellen, Schoner, sogar zwei Raddampfer und eine Art leichtes Kriegsschiff. Aber Schiffe aus neuerer Zeit gab es nur wenige, die ältesten konnten wir kaum benennen. Und alle diese aufgegebenen Schiffe schliefen ruhig ihrer Zerstörung durch Wasser und Wind, Meerespflanzen und Meerestiere entgegen – jener Zersetzung und Zerstreuung der Substanz, die das Schicksal aller leblosen Dinge ist, selbst wenn sie höchsten Zwecken gedient haben.

Die ersten beiden Tage waren wir hauptsächlich damit beschäftigt, unsere Vorräte, Apparate und Instrumente von der Yacht in unser Haus zu schaffen, dort ihren Zustand zu untersuchen und dann die Traglasten zusammenzustellen, die wir in je zwei Tagesmärschen zu unserer Ausgangsbasis bringen mussten. Mit Hilfe des Kapitäns und der drei Mann Schiffsbesatzung war das schnell erledigt. Für den ersten Tagesmarsch stand ein guter Saumpfad zur Verfügung, auf dem uns die hiesigen großen und flinken braunen Esel hilfreich waren. Anschließend musste alles auf den Rücken und Schultern von Menschen transportiert werden. Wir mussten also Esel mieten und Träger anstellen. Das Geldproblem, das uns so stark beschäftigt hatte, konnte gleich bei unserer Ankunft - zumindest vorläufig - gelöst werden. Der Bergführer, der uns empfing, gab uns als Darlehen einen Sack Metallspielmarken, Jetons, mit denen man hier Waren und Dienste bezahlen kann. Wie schon vermutet, hatte unsere Währung hier keinen Wert. Jeder Neuankömmling bekommt einen gewissen Vorschluss, der ihm erlaubt, seine ersten Ausgaben zu bestreiten. Er verpflichtet sich, ihn im Laufe seines Aufenthalts zurückzuzahlen. Dafür gibt es verschiedene Möglichkeiten, und da das Geldproblem sowohl im privaten wie im öffentlichen Leben der Küstensiedlungen eine wichtige Rolle spielt, muss ich etwas näher darauf eingehen.

Man findet hier - in den niederen Lagen nur selten, in den höheren dagegen umso häufiger - einen durchsichtigen und ungewöhnlich harten kugelförmigen Stein unterschiedlicher Größe, der zwar ein echter, aber - das macht ihn zu etwas Besonderem - gekrümmter Kristall ist. In dem Französisch, das man in Port-des-Singes spricht, heißt er peradám. Iwan Lapse ist ratlos, was die Entstehung und den ursprünglichen Sinn des Wortes angeht. Er meint, es könne einerseits bedeuten „härter als Diamant“, andererseits „Vater (père) des Diamanten“. Dieser Stein ist tatsächlich härter als ein Diamant. Man sagt sogar, der Diamant sei durch eine Art Quadratur des Kreises oder vielmehr eine Kubatur der Kugel als Entartungsprodukt aus dem peradám entstanden. Das Wort könne aber auch noch „der Stein des Adam“ – la pierre d‘ Adam – heißen und somit auf eine versteckte Verbindung zwischen ihm und der ursprünglichen Natur des Menschen hinweisen. Die Klarheit des Steins ist so groß und sein Brechungsindex trotz seiner Dichte so nah dem Brechungsindex der Luft, dass ein unvorbereitetes Auge ihn meist gar nicht sieht. Wer ihn dagegen aus ehrlichem Herzen und mit reinem Bedürfnis sucht, dem offenbart er sich durch den Glanz seines Feuers, das wie das Licht in einem Tautropfen strahlt. Der peradám ist das Einzige, dem die Bergführer des Analog Wert beimessen. Er bildet hier dieselbe Währungsgrundlage wie bei uns das Gold.

Die einzige anständige Art, seine Schulden zu begleichen, besteht denn auch darin, es in peradáms zu tun. Aber der peradám ist selten und ihn zu suchen und zu sammeln schwierig und gefährlich, denn oft muss man ihn aus einem Gletscher oder aus der Spalte einer Felswand herausholen. So sind es viele, die nach manchmal jahrelangen Bemühungen resignieren und an die Küste zurückkehren, wo es leichtere Möglichkeiten gibt, seine Schulden zu bezahlen – in Form von Jetons nämlich, die man sich als Bauer oder Handwerker oder Schauermann verdienen kann. Wir sollten uns davor hüten, von diesen Menschen gering zu denken, denn ohne sie könnte man hier weder

Lebensmittel kaufen noch Esel mieten oder Träger einstellen. „Und was ist, wenn man seine Schulden nicht bezahlt?“, hatte Arthur Beaver gefragt.
Die Antwort war: „Wenn Sie Küken großziehen, strecken Sie ihnen Körner vor, die diese, wenn sie Hühner geworden sind, Ihnen in Form von Eiern zurückzahlen. Aber was passiert mit einem Huhn, das, wenn es soweit ist, nicht legt?“
Wir schwiegen und schluckten.

Am Dritten Tag während ich dies schrieb, Judith Pancake vor dem Haus Skizzen machte und Sogol sich mit der Lösung optischer Probleme abmühte, waren die fünf anderen, ihren Interessen folgend, in verschiedene Richtungen fortgegangen. Meine Frau wollte einkaufen und Hans und Karl hatten sie begleitet. Unterwegs gerieten sie, wie meine Frau erzählte, in ein Streitgespräch, dem man nur schwer folgen konnte und das anscheinend von heiklen metaphysischen und paramathematischen Fragen handelte. Insbesondere ging es um das Problem der Krümmung der Zeit und der Zahlen. Gab es eine Art Grenze für die Aufzählung von Einzelnem, hinter der man plötzlich (nach Hans) auf die Einheit oder (nach Karl) auf die Totalität stieß? Erhitzt, und ohne das Gewicht der bekannten oder unbekannten Gemüsesorten und Früchte auf ihrem Rücken überhaupt zu spüren, waren sie heimgekehrt. Die von Kolonisten aus allen Erdteilen hier akklimatisierten frischen Gemüse und Früchte waren uns nach der langen Seereise willkommen. Unser Sack mit Jetons war dick. Wir achteten nicht groß darauf, was wir ausgaben. Und wie Lapse sagte: Was sein muss, muss sein.

Lapse war in der Stadt spazieren gegangen und hatte sich mit allen möglichen Leuten unterhalten, um die Besonderheiten ihrer Sprache und das öffentliche Leben kennenzulernen. Er berichtete sehr interessant darüber, aber seit dem Vorfall nach dem heutigen Mittagessen habe ich eigentlich keine Lust mehr, davon zu erzählen. Das heißt doch! Ich habe zwar keine Lust, aber schließlich schreibe ich nicht zu meinem Vergnügen, und das eine oder andere Detail wird dem Leser sicher von Nutzen sein.

Das Wirtschaftsleben in Port-des-Singes ist ziemlich einfach, aber rege. Es dürfte dem eines europäischen Marktfleckens vor der Technisierung ähneln, denn weder Verbrennungsmotoren noch andere Motoren sind hier erlaubt. Auch der Gebrauch von Elektrizität ist verboten, was in einem Bergland ziemlich verwundert. Ebenfalls verboten ist der Gebrauch von Explosivstoffen. Die Kolonie, die ja in der Mehrzahl aus Franzosen besteht, hat ihre Kirchen, ihren Stadtrat und ihre Polizei. Aber alle Gewalt kommt von oben, das heißt von den Bergführern, deren Delegierte der Verwaltung und der Polizei vorstehen. Ihre Autorität ist unbestritten, denn sie gründet sich auf den Besitz von peradáms, und die Küstenbewohner haben nur Jetons. Die reichen zwar für die lebensnotwendigen Tauschgeschäfte, verleihen aber keine Macht.
Noch einmal, denken wir nicht gering von denen, die sich, entmutigt von den Problemen des Aufstiegs, an den Küsten oder im unteren Bergland niedergelassen haben und dort ein bescheidenes Leben führen. Dank der Anstrengungen, die sie auf sich genommen haben, um hierherzukommen, bleibt ihren Kindern wenigstens dieser Teil der Reise erspart: Sie kommen

bereits am Ufer des Analog zur Welt, wo sie weniger den unseligen Einflüssen einer entarteten Kultur ausgesetzt sind und außerdem ständigen Kontakt mit den Bergführern haben. So können sie, wenn der Wunsch in ihnen erwacht, die große Reise dort fortsetzen, wo ihre Eltern aufgegeben haben.
Jener Teil der Bevölkerung, der anderen Ursprungs ist, scheint sich aus Nachfahren von Sklaven und Seeleuten zusammenzusetzen, die die Sucher nach dem Berg Analog in früheren Zeiten mitbrachten. Daher die vielen schwarzen und gelben Gesichter, denen man in der Kolonie begegnet.
Und weil unter den damaligen Schiffsbesatzungen Frauen vermutlich selten gewesen sind, wird die Natur unter Einsatz ihres Harmoniegesetzes einen Überschuss an weiblichen Geburten geschaffen und so das gestörte Gleichgewicht allmählich wieder hergestellt haben. Bei manchem, was ich hier berichte, handelt es sich allerdings nur um Vermutungen.
Nach dem, was Lapse in Port-des-Singes erzählt hatte, ist das Leben in den anderen Küstenstädten dem hier ganz ähnlich, nur dass jede Nation ihre eigene Sprache und ihre eigenen Sitten eingeführt hat. Die Sprachen haben sich jedoch trotz des Beitrags der Neuankömmlinge unter dem Einfluss der Bergführer, die eine sehr spezielle Sprache haben, auf eigentümliche Weise fortentwickelt. Das Französisch von Port-des-Singes zum Beispiel weist sowohl Archaismen wie zahlreiche Lehnwörter und Neubildungen auf. Ich erwähnte ja bereits das Wort peradám. Diese Besonderheiten fanden ihre Erklärung, als wir später selber mit der Sprache der Bergführer in Berührung kamen.

Arthur Beaver kehrte rosig von einer längeren Wanderung zurück, wo er die Flora und Fauna studiert hatte. Das gemäßigte Klima von Port-des-Singes begünstigt das Vorkommen von Tieren und Pflanzen unserer Länder, aber man trifft dort auch auf unbekannte Arten. Die merkwürdigsten darunter sind: eine baumartig wachsende Winde, deren Keimkraft so stark ist, dass man sie bei Erdarbeiten als langsames Dynamit zum Sprengen von Felsen benutzt; der Feuerbovist, ein großer Staubpilz, der platzt und seine Sporen weit verstreut, worauf er einige Stunden später als Resultat eines heftigen Gärungsprozesses in Brand gerät; der sprechende Busch, eine Mimosenart, deren Früchte verschiedenförmige Resonanzkästen bilden, die im Wind Töne wie menschliche Stimmen hervorbringen und Worte, die in ihrer Nähe gesprochen werden, wie Papageien wiederholen; die Reifenassel, ein nahezu zwei Meter langer Tausendfüßler, dem es gefällt, sich zum Ring zu biegen und mit großer Geschwindigkeit die Halden hinunterzurollen; die dem Chamäleon ähnelnde Zyklopeneidechse, die neben zwei normalen, aber verkümmerten Augen ein großes Auge auf der Stirn hat und, obwohl sie wie ein alter Archivar aussieht, in hohem Ansehen steht. Endlich die Flugraupe, eine Art Seidenwurm, der aus den Gasen in seinem Leib bei schönem Wetter eine mächtige Blase bildet, die ihn durch die Luft trägt. Die Flugraupe gelangt nie zur Reife und vermehrt sich durch Parthenogenese.

Waren all diese unbekannten Pflanzen- und Tierarten in fernen Zeiten von Kolonisten hergebracht worden oder zählten sie zur einheimischen Flora und Fauna? Beaver wusste das vorerst nicht zu entscheiden.

Ein alter Bretone, der in Port-des-Singes als Schreiner lebte, hatte ihm einige alte, offenbar mit allerlei Fremdgut sowie mit Lehren der Bergführer vermischte Mythen erzählt, die sich auf diese Frage beziehen. Die Bergführer, die wir später nach dem Wert dieser Mythen fragten, schienen immer auszuweichen. Einer sagte: „Sie sind genauso wahr wie eure Märchen und wissenschaftlichen Theorien.“ Ein anderer: „Ein Messer ist weder wahr noch falsch, aber wer es an der Klinge fasst, hat sich vertan.“

Eine dieser Mythen erzählt etwa Folgendes:
„Am Anfang waren die Kugel und das Tetraeder in einer einzigen undenkbaren und unvorstellbaren Form vereinigt. Zusammenziehung und Ausdehnung gehorchten demselben Willen, der nichts wollte als sich selbst. Es kam zur Trennung. Aber das Eine bleibt das Eine. Die Kugel war der ursprüngliche Mensch, der sich, da er seine Begierden und Möglichkeiten jede einzeln verwirklichen wollte, in die heutigen Tier- und Menschenarten aufspaltete.
Das Tetraeder war die ursprüngliche Pflanze, auf die alle Blumen, Sträucher und Bäume zurückgehen. Das Tier, dem äußeren Raum gegenüber verschlossen, macht sich hohl und verzweigt sich nach innen durch Lungen und Eingeweide, um Nahrung aufnehmen und sich fortpflanzen zu können. Die Pflanze entfaltet sich in den äußeren Raum hinein und verzweigt sich, um zu ihrer Nahrung vorzudringen, durch Wurzeln, Äste und Laub nach außen. Einige Nachkommen beider Spezies zögerten oder wollten sowohl zur einen wie auch zur anderen Art gehören. Aus ihnen entstanden die Pflanzentiere, die das Meer bevölkern.

Der Mensch erhielt Atem und ein Licht. Nur er allein erhielt ein Licht. Er wollte sein Licht sehen und in jeder nur möglichen Form genießen. Er wurde von der Kraft des Einen verjagt. Er allein wurde verjagt. Er ging hin und bevölkerte die Länder des Draußen. Er mühte sich ab und vermehrte sich in dem Verlangen, sein Licht zu sehen und es zu genießen. Manchmal unterwirft sich ein Mensch in seinem Herzen, unterwirft das Sichtbare dem, was sieht, und versucht, zum Ursprung zurückzukehren. Er sucht, er findet und kehrt zum Ursprung zurück."

Die merkwürdige geologische Struktur dieses Kontinents ermöglicht eine enorme klimatische Breite. Es scheint, als könne man nur drei Tagesmärsche von Port-des-Singes entfernt auf der einen Seite tropischen Dschungel und auf der anderen eine Gletscherlandschaft finden. Wieder woanders soll es Steppen geben und Sandwüsten. Jede Kolonie hat sich dort gebildet, wo die Bedingungen denen ihres Herkunftslandes am meisten entsprechen.
Aber das wollte Beaver noch im Einzelnen erforschen, und auch wir anderen fassten alle möglichen Pläne. Karl wollte sich näher mit den Mythen, von denen Beaver berichtet hatte, beschäftigen, weil er hinter ihnen einen asiatischen Ursprung vermutete. Hans und Sogol wollten auf einem nahe gelegenen Hügel ein kleines Observatorium errichten und für die wichtigsten Sterne die üblichen Parallaxen-, Winkel- und spektroskopischen Messungen wiederholen, um so zu einem genaueren Begriff der optischen Anomalien zu kommen, die durch die gekrümmte Raumschale des Analog verursacht wurden.
Iwan Lapse wollte seine linguistischen und soziolo-

gischen Studien fortsetzen. Meine Frau wollte das religiöse Leben des Landes studieren und feststellen, welche Veränderungen der Einfluss des Analog bezüglich Dogma, Morallehre, Ritus, Liturgie und Struktur der einzelnen Glaubensformen bewirkt hatte. Judith Pancake wollte sich ihr anschließen, um die bildende Kunst zu erforschen, und außerdem wollte sie weiter an ihrer Sammlung von Dokumentarskizzen arbeiten, die nach dem Scheitern unserer fotografischen Versuche sehr wichtig geworden waren. Ich selbst hoffte, in den von meinen Reisegefährten gesammelten Materialien Stoff für meine Studien zur Symbolik zu finden, ohne aber dafür meine Hauptarbeit, die Redaktion unseres Reisetagebuchs, zu vernachlässigen, jenes Reisetagebuchs, das sich auf das beschränken sollte, was Sie hier lesen.

Indem wir diese Kenntnisse zu erwerben hofften, wollten wir unsere Vorräte vergrößern und vielleicht auch einige Geschäfte machen – kurz, es schien uns keine Zeitverschwendung zu sein.

„Hallo, wann brechen Sie eigentlich auf?“, rief draußen vom Weg eine Stimme, als wir nach dem Mittagessen über diese verschiedenen Pläne sprachen.

Es war der nach Port-des-Singes delegierte Bergführer. Und ohne eine Antwort abzuwarten, setzte er seinen Weg fort. Das entriss uns unseren Träumen. Noch bevor wir überhaupt den ersten Schritt getan hatten, waren wir schon bereit, unser Ziel zu verraten. Ja – es zu verraten. Denn das taten wir, wenn wir auch nur eine Minute darauf verwandten, unsere müßige Neugier zu befriedigen. Die Forschungspläne, für die wir uns eben noch begeistert hatten, erschienen uns plötzlich schal. Keiner wagte, den anderen anzusehen.

Sogol knurrte: „Den hässlichen Uhu an die Wand nageln und fortgehen, ohne sich umzudrehen."

Wir kennen ihn alle, den hässlichen Uhu intellektueller Begierde, und jeder von uns sollte seinen eigenen an die Tür nageln; ganz zu schweigen von all den geschwätzigen Elstern, stolzierenden Pfauen, turtelnden Tauben und fett watschelnden Gänsen. Aber alle diese Tiere sind uns derart ins Fleisch gewachsen, dass wir sie nicht loswerden können, ohne uns selbst zu verletzen. Wir würden noch eine lange Weile mit ihnen leben müssen, sie ertragen und kennenlernen, bis sie von uns abfielen, wie bei einem Ausschlag der Schorf von uns abfällt, wenn unser Körper die Krankheit überwindet. Jedenfalls ist es schlecht, ihn vorzeitig abzureißen.

Die vier Mann unserer Besatzung, die im Schatten einer Fichte Karten spielten und keinen Ehrgeiz verspürten, Gipfel zu stürmen, schienen sich, verglichen mit uns, die Zeit auf vernünftigere Weise zu vertreiben. Da sie uns aber beim Packen helfen mussten, riefen wir sie, um gemeinsam alles für unseren Aufbruch vorzubereiten, den wir – komme, was da wolle – auf den nächsten Tag festsetzten. Komme, was da wolle, das ist leicht gesagt ... Nachdem wir die ganze Nacht durchgearbeitet hatten, war am nächsten Morgen alles bereit, auch die Esel und die Träger waren da. Aber es fing an, in Strömen zu regnen. Es regnete am Nachmittag, es regnete in der Nacht, es regnete wie aus Eimern fünf Tage lang. Die aufgeweichten Wege seien nicht begehbar, sagte man uns.

Diesen unvorhergesehenen Aufenthalt galt es zu nutzen. Als erstes reduzierten wir unsere Ausrüstung. Alle Beobachtungs- und Messinstrumente, die wir bisher für ihren wertvollsten Teil gehalten hatten, waren uns verdächtig geworden. Eine ganze Reihe von ihnen erwies sich auch bereits als nicht mehr brauchbar. Von unseren Taschenlampen funktionierte keine einzige mehr, wir mussten sie durch Laternen ersetzen. Auf diese Weise entledigten wir uns einer Menge von sperrigem und schwerem Zeug und bekamen mehr Platz für die Vorräte.

Wir durchstreiften also die Gegend, um uns zusätzliche Lebensmittel, Laternen und landesübliche Kleidungsstücke zu beschaffen, die als Resultat langer Erfahrung der Kolonialisten sehr einfach und unserer Kleidung überlegen waren. Außerdem fanden wir bei den darauf spezialisierten Händlern alle Arten von getrockneten und gepressten Nahrungsmitteln, die uns gute Dienste leisten würden. Allmählich warfen wir immer mehr Ballast ab und ließen schließlich sogar die von Beaver erfundenen „tragbaren Gemüsegärten“ zurück. Darüber brach er selbst in Gelächter aus – nachdem er einen Tag lang unentschlossen und schlechter Laune gewesen war – und erklärte sie für „dummes Spielzeug, das uns nur Ärger gemacht hätte“. Etwas länger zögerte er, auf Atmungsgeräte und Heizkleidung zu verzichten. Aber wir einigten uns schließlich darauf, auch sie zurückzulassen. Sollte es nötig werden, könnten wir sie schlimmstenfalls immer noch holen. Wir ließen alle diese Dinge von unserer Besatzung auf die Yacht zurückbringen, wo der Kapitän und die drei Mann nach unserem Aufbruch wohnen sollten, denn das Haus musste für mögliche Neuankömmlinge frei bleiben. Das Problem der Atmungsgeräte hatten wir lange diskutiert. Sollten wir für große Höhen eher auf unsere Sauerstoffflaschen oder auf den Effekt der Akklimatisation vertrauen? Die letzten Himalaya-Expeditionen hatten

die Frage nicht entschieden, trotz der Erfolge, die die Anhänger der Akklimatisation verzeichnen konnten. Im Übrigen waren unsere Apparate weit besser als die bei den erwähnten Expeditionen benutzten. Sie waren sowohl leichter als auch leistungsfähiger, weil sie nicht reinen Sauerstoff, sondern eine sorgfältig dosierte Mischung aus Sauerstoff und Kohlensäure lieferten, wobei die Kohlensäure, die die Tätigkeit der Atmungsorgane anregt, die benötigte Menge Sauerstoff erheblich herabzusetzen erlaubt.
Aber je länger wir darüber nachdachten und je mehr Informationen wir über die Berge, die uns bevorstanden, einzogen, desto deutlicher wurde, dass unsere Expedition sehr lange, wahrscheinlich jahrelang dauern würde. Unsere Sauerstoffflaschen würden also ohnehin nicht ausreichen, und eine Möglichkeit, sie oben nachzufüllen, gab es nicht. Wenn wir also früher oder später doch auf sie verzichten mussten, war es besser, das gleich zu tun und nicht erst durch ihren Gebrauch die Akklimatisation zu verzögern.
Man versicherte uns übrigens, dass es, um in den hohen Regionen dieser Berge überleben zu können, gar kein anderes Mittel als das der schrittweisen Akklimatisation gebe, dank der sich der menschliche Organismus verändert und den herrschenden Bedingungen anpasst.
Auf den Rat des Führers unserer Trägerkolonne vertauschten wir unsere Skier, die, wie man uns sagte, in unebenem Gelände nur lästig wären, gegen eine Art schmaler, zusammenlegbarer, mit Murmeltierhaut bespannter Schneereifen. Sie ermöglichten sowohl in weichem Schnee zu gehen, wie Abhänge hinabzugleiten. Zusammengefaltet passten sie leicht in einen Rucksack. Unsere eisenbeschlagenen Schuhe behiel-

ten wir, nahmen aber landesübliche Mokassins aus „Baumleder" mit, um sie weiter oben zu tragen. Dieses „Baumleder" ist ein aus einer Rindenart gewonnener Stoff, der in bearbeitetem Zustand Kork und Gummi enthält. Er isoliert gegen Kälte und haftet, wenn man ihn mit einer Schicht Kieselsäure überzieht, gleich gut auf Fels wie auf Eis.

Das Letztere machte es möglich, auf unsere Steigeisen zu verzichten, die in großen Höhen wenig taugen, weil ihre Riemen den Fuß einengen, die Blutzirkulation behindern und so anfälliger für Erfrierungen machen. Dafür behielten wir unsere Eispickel (ein Werkzeug, das man genauso wenig vervollkommnen kann wie die Sense), desgleichen unsere Ringbolzen und Seile sowie einige einfache, in die Tasche passende Instrumente wie Kompass, Höhenmesser und Thermometer.

Ein Geschenk war also dieser Regen, der uns unsere Ausrüstung zu vereinfachen und zu verbessern erlaubte. Obwohl es goss, legten wir jeden Tag weite Strecken zurück, um Erkundigungen einzuziehen und Vorräte und anderes zu kaufen. Und unsere Beine, durch die lange Schiffsreise träge geworden, gewöhnten sich dank dieser Übung auch wieder an Anstrengungen.

Es war während dieser Regentage, dass wir anfingen, uns beim Vornamen zu nennen. Die Gewohnheit, „Hans" und „Karl" zu sagen, mochte den Anstoß gegeben haben, auch wenn diese Änderung keineswegs nur das Ergebnis einer größeren Vertrautheit war. Wenn wir uns jetzt Judith, Renèe (der Vorname meiner Frau), Pierre, Arthur, Iwan und Theodor (mein Vorname) nannten, so hatte das für uns noch einen tieferen Sinn. Wir fingen an, unsere alte Person abzustreifen. Zugleich mit dem Ballast an Gerät, den wir zurückließen, waren wir dabei, auch den Künstler, den Erfinder, den Arzt, den Gelehrten und den Literaten abzuwerfen. Schon zeigten sich unter dieser Verkleidung Männer und Frauen – und natürlich auch alle möglichen Tiere.

Wiederum ging uns dabei Pierre Sogol, ohne es zu wissen, mit seinem Beispiel voran. Eines Abends, als wir uns mit dem Führer der Trägerkolonne und unserem Esel-Vermieter besprachen, sagte er: „Ich war der Leiter unserer Expedition und habe euch hierher gebracht. Aber jetzt lege ich diese Funktion ab, weil sie ein Dorn war für das erinnerte Ich, das ich in mir trage. Und vom Grund dieses erinnerten Ichs erhebt sich ein kleines Kind, das die Maske des alten Mannes zum Weinen bringt: ein kleines Kind, das Hilfe und Schutz sucht – Schutz vor seinen Begierden und Träumen und Hilfe, um, ohne jemanden zu imitieren, das zu werden, was es ist."

Während er dies sagte, stocherte Sogol mit einem Stock im Sand. Plötzlich wurde sein Blick starr, er bückte sich und hob etwas auf, das wie ein Tautropfen glänzte. Es war ein peradám – zwar ein ganz kleiner nur, aber sein und unser erster.

Der Führer der Trägerkolonne und der Esel-Vermieter rissen die Augen auf und wurden blass. Beide waren alt. Beide hatten den Aufstieg versucht und waren über dem Geldproblem mutlos geworden.

„Noch nie, so weit ich zurückdenken kann, hat man einen peradám so weit unten gefunden", sagte der Erste, „am Strand! Das ist wohl ein einmaliger Zufall. Soll uns damit neue Hoffnung gegeben werden und der Mut, es noch einmal zu versuchen?"

Die Hoffnung, die er schon tot geglaubt hatte, wurde wieder in ihm lebendig: Eines Tages würde er den Weg fortsetzen. Und auch die Augen des Esel-Vermieters leuchteten, aber vor Gier. „Zufall, reiner Zufall!", sagte er. „Mich fängt damit keiner mehr."
„Wir müssen uns für die peradáms, die wir finden, kleine feste Beutel nähen, die wir am Hals tragen können", sagte Judith.
Ein vernünftiger Gedanke! Der Regen hatte am Morgen aufgehört. Die Sonne begann, die Wege zu trocknen. Mit der Morgendämmerung des nächsten Tages wollten wir aufbrechen. Unsere letzte Vorbereitung, bevor wir schlafen gingen, war, dass sich jeder für künftig gefundene peradáms sorgfältig einen kleinen Beutel nähte.

Fünftes Kapitel

Nacht umfing uns noch unter den Fichten, deren Wipfel schon mit spitzen Haken in den perlmutt-farbenen Himmel schrieben. Dann leuchtete Rot an den Stämmen auf, und der Himmel wurde blassblau. Allmählich lösten sich auch die verschiedenen Grüntöne aus dem Schwarz, und hier und dort vermischte sich der Harzgeruch mit dem Geruch von Buchen und Pilzen. Die Vögel begannen mit knarrenden Lauten, silberhellen Tönen oder einer Art Flötenstimme ihre erste Morgenunterhaltung. Wir marschierten schweigend. Die Karawane mit ihren zehn Eseln, drei Treibern und fünfzehn Trägern war lang. Jeder von uns trug seine Verpflegung für den Tag und seine persönlichen Dinge. Der eine oder andere trug dazu noch schwer an persönlichen Dingen in seinem Herzen und seinem Kopf. Wir hatten schnell in den Bergsteigertritt und die entspannte Haltung zurückgefunden, die unerlässlich sind, wenn man lange gehen will, ohne zu ermüden.

Während wir marschierten, ließ ich in der Erinnerung noch einmal die Ereignisse Revue passieren, die mich hierhergeführt hatten, angefangen mit meinem Artikel in der Zeitschrift für Paläontologie und meiner ersten Begegnung mit Sogol. Die Esel waren glücklicherweise dazu erzogen, nicht zu schnell zu gehen, und das weiche Spiel der Muskeln unter ihrer Haut, das nie von einer nutzlosen Bewegung unterbrochen wurde, gab mir Kraft. Ich dachte an die Vier, die gekniffen hatten – wie weit weg sie jetzt alle waren: Julie Bonasse, Emile Gorge, Benito Cicoria und der gute Alphonse Camard mit seinen Marschliedern für Bergsteiger. Sie gehörten beinah schon einer anderen Welt an. Ich begann in mich hineinzulachen, als ich an Camards Marschlieder dachte. Als ob Bergsteiger unterwegs je sängen! Wenn sie allerdings stundenlang Geröllhalden und steile Hänge hochgeklettert sind, singen sie doch manchmal, aber jeder mit geschlossenem Mund und für sich allein. Ich zum Beispiel singe: „Tiack! Tiack! Tiack! Tiack! – ein „Tiack" für jeden Schritt. Im Schnee und in der Mittagszeit wird daraus: „Tiack! Tschi, tschi, tschi, tiack!" Ein anderer singt: „Domm! Di di domm" oder „Dschi ... puff! Dschi ... puff". Das jedenfalls ist die einzige Art von Bergsteigerliedern, die ich kenne.

Man sah jetzt keine Schneegipfel mehr, sondern nur noch von Kalkfeldern unterbrochene bewaldete Abhänge und den Bergbach im Tal zur Rechten, auf das ab und zu der Wald einen Blick freigab. Bei der letzten Biegung des Weges war der Meereshorizont, der die ganze Zeit über mit uns gestiegen war, verschwunden. Ich knabberte einen Zwieback. Der Esel, der vor mir ging, wedelte mir mit dem Schwanz einen Schwarm Fliegen ins Gesicht. Auch meine Gefährten waren nachdenklich. Die Leichtigkeit, mit der wir hier gelandet waren, hatte tatsächlich etwas Geheimnisvolles. Außerdem sah es ganz so aus, als hätte man uns erwartet.

Ich nehme an, dass sich das später noch klären wird. Bernard, der Führer der Trägerkolonne, war ebenfalls nachdenklich, wenn auch nicht so oft abgelenkt wie wir. Es war wirklich schwierig für uns, nicht alle paar Minuten abgelenkt zu sein: durch ein blaues Eichhörnchen, durch ein rotäugiges Hermelin, das wie der Sockel einer Säule auf einer von Fliegenpilzen gesprenkelten grünen Lichtung saß; durch eine Schar Einhörner, die sich auf der Talwand gegenüber tummelten und die wir zuerst für Gämsen gehalten hatten; durch die fliegende Eidechse, die sich vor uns von Baum zu Baum schwang und dabei mit den Zähnen klapperte.

Mit Ausnahme von Bernard trugen alle Träger und Treiber auf ihrem Rucksack einen kleinen Bogen und ein Bündel kurzer, ungefiederter Pfeile. Bei der ersten großen Rast, noch vor Mittag, gingen drei oder vier von ihnen weg und kamen mit einigen Rebhühnern und einer Art von großem Meerschweinchen wieder. Einer von ihnen meinte: „Solange die Jagd noch erlaubt ist, muss man die Gelegenheit nutzen. Wir werden sie heute Abend essen. Weiter oben ist es vorbei mit dem Wild."
Der Pfad verließ den Wald und führte zu einem Bergbach hinab, den wir an einer seichten Stelle durchwateten. Wir scheuchten Wolken von Perlmuttfaltern vom steilen Ufer auf und begannen eine lange Wanderung über eine schattenlose Steinstrecke. Nach einiger Zeit kamen wir wieder zum Bachufer zurück, wo ein spärlicher Lärchenwald seinen Anfang nahm. Ich schwitzte und sang mein Marschlied. Dem Aussehen nach wurden wir immer nachdenklicher, in Wirklichkeit waren wir es aber immer weniger. Unser Weg führte über einen hohen Felsgrat und bog dann nach rechts, wo sich das Tal zu einer tiefen Schlucht verengte. Er stieg in engen Windungen einen mit Wach-

holder- und Rhododendron-Büschen bestandenen steilen Hang hinauf und entließ uns endlich auf eine von hundert feinen Rinnsalen bewässerte Alm, auf der kleine gut genährte Kühe weideten. Nach zwanzig Minuten Marsch über das feuchte Gras erreichten wir eine ebene, im Schatten von Lärchen gelegene Felsfläche, auf der drei aus großen Findlingen gebaute und mit Zweigen bedeckte Hütten standen – unser erstes Ziel.

Bis zum Dunkelwerden blieben uns noch zwei oder drei Stunden, um uns einzurichten. Eine der Hütten war als Lagerraum für das Gepäck gedacht, die zweite, in der es einen Fußboden, einen aus groben Steinen geschichteten Herd und sauberes Stroh gab, diente als Schlafraum. Die dritte stellte sich zu unserer Überraschung als Milchkammer heraus. Die Milchkannen, Butterklumpen und tropfenden Käse darin schienen auf uns gewartet zu haben. War der Ort am Ende bewohnt? Bernard, der als Erstes dafür gesorgt hatte, dass seine Leute ihre Bogen und Pfeile in der Ecke des Schlafraums niederlegten, die er für sich selber reserviert hatte, klärte uns darüber auf.

„Heute morgen war der Platz noch bewohnt. Es muss immer einer hier sein, um für die Kühe zu sorgen. Kein Lager darf länger als einen Tag unbeaufsichtigt bleiben. Man wird Sie weiter oben noch über dieses Gesetz belehren. Die Karawane vor uns hatte sicher ein oder zwei Leute zurückgelassen und auf unsere Ankunft gewartet, um dann weiterziehen zu können. Vermutlich haben sie uns kommen sehen und sind dann aufgebrochen. Wir werden ihnen unsere Ankunft bestätigen. Bei dieser Gelegenheit kann ich Ihnen auch gleich zeigen, wie der Weg zur Ausgangsbasis weitergeht.“

Wir folgten ihm wenige Minuten einen felsigen Hang hinauf, bis wir auf eine ebene Platte kamen, von wo wir den Anfang des Tals sahen. Es war ein von steilen Wänden umgebener unregelmäßiger Kessel, in den hier und dort Gletscherzungen hinabreichten. Bernard zündete ein Feuer an, auf das er ein paar feuchte Grasbüschel warf, und spähte dann angestrengt in Richtung des Talkessels. Nach einigen Minuten sahen wir als Antwort auf unser Signal in der Ferne eine schmale weiße Rauchsäule aufsteigen, die sich vage von den Gießbächen, die die Wände herabstürzten, abhob.

Im Gebirge achtet der Mensch aufmerksam auf jedes Zeichen, das ihm die Gegenwart eines anderen Menschen verrät. Für uns hatte dieser Rauch noch insofern etwas Besonderes, weil uns dadurch Unbekannte, die uns auf dem Weg vorangingen, einen Gruß zusandten. Selbst wenn wir uns niemals begegnen sollten, würde der gemeinsame Weg von nun an ihr und unser Schicksal verbinden. Wer die Leute in der Karawane vor uns waren, wusste Bernard allerdings nicht.

Von unserem Standort aus konnten wir etwa die Hälfte des Weges erkennen, der unseren zweiten Tagesmarsch bilden sollte. Wir hatten beschlossen, das gute Wetter zu nutzen und gleich am nächsten Morgen weiterzuziehen. Vielleicht würden wir dort im Lager noch am selben Tag unseren Führer treffen oder aber einige Zeit auf seine Rückkehr warten müssen. Während die Esel und die Treiber zurückkehren mussten, um neue Lasten zu holen, und zwei der Träger in der Hütte bleiben sollten, um für die Kühe zu sorgen, wollten wir Acht mit dem Rest der Träger aufbrechen. Wir hatten uns ausgerechnet, dass die Esel in acht Tagesmärschen alles Notwendige von unserem Haus nach den „Feuchten Wiesen“ bringen könnten, wie der Name der ersten Etappe hieß. Wir selber wollten mit den Trägern zwischen den Feuchten Wiesen und der Ausgangsbasis hin- und herpendeln. Mit einer Last von zehn bis fünfzehn Kilo pro Kopf würde uns das wenigstens dreißig Wege und, rechnete man etwaige Schlechtwetter-Tage hinzu, an die zwei Monate kosten. Doch wir hätten dann Vorräte für ganze zwei Jahre im Ausgangslager zusammengetragen.

Aber zwei Monate! Die Jüngeren von uns wurden schon beim bloßen Gedanken daran ungeduldig.

Ein Wasserfall, der einige hundert Meter von unserer Felsplatte hinabstürzte, machte es schwierig, sich zu unterhalten. Eine Art Brücke, die aus ein paar vom einen Ufer zum anderen gespannten Tauen bestand, führte über die Schlucht, in der sich der Wasserfall verlor. Morgen früh würden wir die Brücke überschreiten müssen. Kurz vor dem Wasserfall erhob sich ein steinerner, mit einem Kreuz versehener Grabstein. Bernard blicke auffallend ernst zu ihm hinüber. Dann riss er sich von seinen Gedanken los und führte uns zu den Hütten zurück, wo die Träger wohl inzwischen für das Essen gesorgt hatten. Und das hatten sie wirklich – so gut, dass wir kaum auf unsere Vorräte zurückzugreifen brauchten. Zum Beispiel hatten sie unterwegs Pilze gesammelt und sie wunderbar gedünstet. Auch das von ihnen zubereitete Wild fand großen Beifall. Der Einzige, der sich weigerte, davon zu essen, war Bernard. Uns war aufgefallen, dass er gleich nach unserer Rückkehr prüfte, ob auch keiner von seinen Leuten die Bogen und Pfeile angerührt hatte. Aber erst nach dem Essen, als die untergehen-

de Sonne die bewaldeten talwärts gelegenen Bergzüge in ihren Glanz hüllte und wir verdauend am Feuer saßen, fragten wir ihn nach dem Grabhügel, den wir vor dem Wasserfall gesehen hatten.
„Dort liegt mein Bruder“, sagte er. „ich will Ihnen die Geschichte erzählen, weil wir uns vielleicht so bald nicht wieder trennen werden und Sie wissen müssen, mit was für einem Menschen Sie es zu tun haben. Meine Leute sind Kinder. Sie beklagen sich darüber, dass von diesem Ort an die Jagd strikt verboten ist. Es gibt zwar auch höher hinauf noch Wild, aber die Bergführer wissen gut, warum sie nur bis zu den Feuchten Wiesen zu jagen erlauben. Sie haben ihre Gründe dafür, ich musste es am eigenen Leib erfahren. Für eine Ratte, die ich keine fünfzig Schritte von hier tötete, habe ich nicht nur vier mit großer Mühe gefundene und aufgesparte peradáms verloren, sondern außerdem zehn Jahre meines Lebens.
Ich stamme aus einer Familie von Bauern, die seit Jahrhunderten in Port-des-Singes ansässig ist. Mehrere meiner Vorfahren sind ins Gebirge gegangen und Bergführer geworden. In meinem Fall fürchteten meine Eltern, dass ich, ihr Ältester, eines Tages ebenfalls aufbrechen würde, und taten alles, den Lockruf der Berge von mir fern zu halten. Sie brachten mich dazu, sehr früh zu heiraten. Ich habe unten eine Frau, die ich liebe, und einen erwachsenen Sohn. Er könnte bei uns sein und sie auch. Nach dem Tod meiner Eltern, ich war damals fünfunddreißig, sah ich plötzlich die Leere in meinem Leben. Ich sollte einen Sohn erziehen, damit er seinerseits einen Sohn erzöge, und so immer weiter – aber warum eigentlich? Ich habe, wie Sie sehen, kein sonderliches Geschick, mich auszudrücken, und damals hatte ich es noch we-

niger. Aber es schnürte mir das Herz ab. Eines Tages kam ein Bergführer zu mir, um Vorräte zu kaufen. Ich stürzte mich auf ihn, nahm ihn bei den Schultern und brachte nichts anderes hervor als: ‚Warum eigentlich? Warum?'

‚Das ist wahr', antwortete er ernst; ‚nur müssen Sie jetzt denken lernen: Wie?' Er sprach lange mit mir, sowohl an diesem Tag wie auch an den nächsten. Schließlich verabredeten wir, uns im nächsten Frühjahr – wir hatten Herbst – in den Hütten der Ausgangsbasis zu treffen, wo er eine Karawane zusammenstellen sollte, in die er mich aufzunehmen bereit war. Unsere Karawane, zwölf Leute, kam gut voran. Es gelang uns, rechtzeitig das erste Lager zu erreichen, um dort zu überwintern. Im nächsten Frühjahr beschloss ich, kurz nach Port-des-Singes zurückzukehren, um meine Frau und meinen Sohn wiederzusehen und sie vielleicht zu überreden, mich zu begleiten. Zwischen den Hütten der Ausgangsbasis und dem Ort, wo wir uns hier befinden, geriet ich in einen fürchterlichen Schneesturm, der drei Tage dauerte. Der Weg war an zwanzig Stellen durch Lawinen zerstört. Ohne Heizmaterial und ohne ausreichende Lebensmittel musste ich zwei Nächte im Freien verbringen.

Als sich das Wetter besserte, war ich hundert Meter von diesen Hütten entfernt. Erschöpft vor Müdigkeit und Hunger, blieb ich stehen. Das Vieh war zu dieser Zeit noch nicht zu den Feuchten Wiesen hinaufgetrieben worden, auch hier würde ich also nichts zu essen bekommen. Auf der Geröllhalde vor mir sah ich eine alte Felsratte – ein Zwischending zwischen Wanderratte und Murmeltier – aus ihrem Loch schlüpfen. Das Tier wollte sich in der Sonne wärmen. Mit einem wohl gezielten Steinwurf zerschmetterte ich ihm den

Kopf, briet es auf einem Feuer aus Rhododendron-Zweigen und verschlang das zähe Fleisch. Einigermaßen erholt schlief ich noch ein oder zwei Stunden und setzte dann meinen Weg nach Port-des-Singes fort, wo ich mit meiner Frau und meinem Sohn Wiedersehen feierte. Doch auch diesmal gelang es mir nicht, sie zum Mitzukommen zu überreden.

Als ich einen Monat später den Aufstieg fortsetzen wollte, wurde ich vor ein Tribunal von Bergführern gerufen, um mich wegen der Tötung der alten Ratte zu verantworten.

Wie sie von der Sache erfahren haben, weiß ich bis heute nicht. Das Gesetz ist unerbittlich: Für die Dauer von drei Jahren wurde mir verboten, mich dem Gebirge über die Feuchten Wiesen hinaus zu nähern. Nach Ablauf dieser drei Jahre konnte ich darum bitten, mit der ersten Karawane von neuem aufbrechen zu dürfen, vorausgesetzt, dass ich den von mir angerichteten Schaden bis dahin wieder gutgemacht hatte. Ein harter Schlag! Ich gab mir Mühe, in Port-des-Singes vorübergehend wieder eine Verdienstmöglichkeit zu finden. Zusammen mit meinem Bruder und meinem Sohn bestellte ich Land und zog Vieh groß, um den Karawanen Vorräte zu liefern. Wir stellten auch Trägerkolonnen zusammen, die wir bis zu der verbotenen Zone verdingten. So blieb ich immerhin mit den Leuten des Gebirges in Verbindung. Bald reifte in meinem Bruder der Wunsch aufzubrechen, aber er beschloss, nicht ohne mich zu gehen und lieber zu warten, bis meine Strafe verbüßt war.

Endlich kam der Tag. Ich führte stolz in einem Käfig eine dicke Felsratte mit, die ich ohne Mühe gefangen hatte und dort freilassen wollte, wo ich die andere

getötet hatte, weil ich ja den angerichteten Schaden wieder gutmachen sollte. Aber dieser Schaden hatte noch gar nicht begonnen, sich zu zeigen. Als wir bei Sonnenaufgang die Feuchten Wiesen verließen, ertönte ein Schrecken erregendes Geräusch. Der ganze Berghang, über den sich damals noch nicht der Wasserfall ergoss, riss auf und rutschte in Stein- und Erdlawinen hinab. Ein mit Eis und Felsblöcken vermischter Wasserfall schoss aus der Gletscherzunge, die den Hang beherrschte, und grub sich tief in ihn ein. Der Weg, der zu jener Zeit steil zu den Feuchten Wiesen hinaufstieg und weiter oben am Hang entlangführte, wurde in seiner ganzen Länge zerstört. Mehrere Tage hielten die Erdrutsche und Wasserstürze an. Wir waren blockiert. Unsere Karawane kehrte nach Port-des-Singes zurück, um sich angesichts der drohenden Gefahr mit zusätzlicher Ausrüstung zu versehen. Dann versuchten wir, auf dem anderen Ufer einen neuen Weg zur Ausgangsbasis zu finden, einen Weg, der lang und gefährlich war und auf dem mehrere Menschen umkamen. Mir hatte man verboten weiterzugehen, bis eine Kommission von Bergführern die Ursache der Katastrophe festgestellt hätte. Nach einer Woche wurde ich vorgeladen, man erklärte mich für das Ganze verantwortlich und erlegte mir auf, den angerichteten Schaden im Sinn des ersten Urteilsspruchs wieder gutzumachen.
Ich war wie vor den Kopf gestoßen. Aber sie erklärten mir, wie nach ihren Ermittlungen die Sache vor sich gegangen war. Sie sagten es ohne Zorn, aber kategorisch. Ich möchte heute sogar sagen, mit einem Anflug von Güte. Die alte Ratte, die ich getötet hatte, ernährte sich vor allem von einer in dieser Gegend zahlreich vorkommenden Wespenart. Aber eine

Felsratte – zumal eine alte – ist nicht beweglich genug, Wespen im Flug zu fangen. Sie fraß darum nur schwache und kranke Wespen, die am Boden kriechen und nur mühsam auffliegen können. Auf diese Weise beseitigte sie die Wespen, die Krankheitskeime in sich trugen, und verhinderte dadurch unbewusst, dass die übrigen angesteckt wurden. Nachdem die Ratte tot war, breiteten sich die Keime rasch aus, und im Frühjahr darauf gab es so gut wie keine Wespen mehr in der Gegend. Nun sorgen aber diese Wespen, indem sie Honig sammeln, für die Befruchtung der Pflanzen. Und Pflanzen, die für die Befestigung lockerer Erdschichten eine wichtige Rolle spielen ...

Hier endet die Geschichte vom Berg Analog. René Daumal konnte sie wegen seines frühen Todes nicht zu Ende schreiben. Man erfährt aber aus seinen Arbeitsnotizen, dass sie sieben Kapitel enthalten sollte. Und es gab zusätzliche Aufzeichnungen und Artikel des Autors, die sich mit der allegorischen Dimension des Bergsteigens befassen, welche er als „analogischen Alpinismus" bezeichnete. Es folgen einige dieser Texte, die bereits vor der Entstehung des Romans geschrieben wurden.

1.Text

Notizen zu den nicht ausformulierten Kapiteln.

V

Ratschläge der Führer, bekannt, aber mit neuer Bedeutung

Errichtung des ersten Camps
Die Route ändert sich jedes Mal

Ich werde krank: unten gelassen – als Geschichtsschreiber
Führer: Grade: 7 oder 49 oder 8 oder 10 oder 50
bekannt 2 Grade

Sprache

In das 2. Camp eingeladen, durch kleine Gruppen, durch den Führer Nr. 2, von da durch die „Entzerrungsbrille", Beobachtungen

VI

Die andere Exkursion
Erzählung der Julie Bonasse, (hat sie überlebt?)

Der kleine Informierte

VII

„Und du, was suchst du?"

Die folgenden beiden Kurztexte sollten dem in Mesures, *No. 1 vom 15. Januar 1940, abgedruckten ersten Kapitel als Rahmen dienen.*

2. Text
Der Beginn einer Abhandlung über den analogischen Alpinismus.

Die folgenden Beobachtungen sind die eines Anfängers. Da sie neu sind und sich auf die Schwierigkeiten beziehen, denen ein Anfänger zunächst begegnet, werden sie ihm auf seinen ersten Touren vielleicht nützlicher sein als die von Meistern geschriebenen Lehrbücher. Diese mögen zwar methodischer und vollständiger sein, werden aber erst nach einer – wenn auch noch so geringen – vorbereitenden Bergerfahrung verstanden. Meine wenigen Bemerkungen haben nur den einen Ehrgeiz: dem Anfänger zu helfen, die vorbereitenden Bergerfahrungen etwas schneller zu machen.

Begriffsbestimmungen:

Der Alpinismus ist die Kunst, das Gebirge so zu durchstreifen, dass man den größten Gefahren mit der größten Achtsamkeit begegnet.
Als Kunst bezeichnen wir hier das Erklären eines Wissens durch eine Handlung.
Du kannst nicht für immer auf dem Gipfel bleiben; du musst wieder hinunter. Wozu dann überhaupt? Nun: Das Oben kennt das Unten, das Unten kennt das Oben nicht. Merke dir beim Aufstieg sorgfältig alle Schwierigkeiten deines Weges. Solange du steigst, kannst du sie sehen. Beim Abstieg siehst du sie nicht

mehr, aber du weißt, dass sie da sind, wenn du sie gut beobachtet hast.
Es gibt eine Kunst, sich in den unteren Regionen durch die Erinnerung an das, was man oben gesehen hat, leiten zu lassen. Wenn man nicht mehr sehen kann, kann man doch immer noch wissen.
Aber was ist das eigentlich, dieser „analogische Alpinismus"?

Es ist die Kunst ...
Was ist eine Kunst?
Wert der Gefahr

Verwegenheit - Selbstmord
Diesseits davon - Ungenügen

Was ist Gefahr?
Was ist Umsicht?
Was ist ein Gebirge?

Halte das Auge auf den Weg zum Gipfel gerichtet, aber vergiss nicht, auch auf deine Füße zu achten. Der letzte Schritt ist vom ersten abhängig. Denk nicht, weil du die Spitze siehst, bist du schon angekommen. Achte auf deine Füße, sichere den nächsten Schritt, aber das darf dich nicht von deinem höheren Ziel ablenken. Der erste Schritt hängt vom letzten ab. Wenn du aufs Geratewohl kletterst, hinterlasse irgendwo ein Zeichen auf deinem Weg, das dir auf dem Rückweg helfen wird - zwei aufeinander gestellte Steine, durch einen Schlag mit dem Stock geknickte Pflanzen. Wenn du jedoch an eine unpassierbare oder gefährliche Stelle kommst, denke daran, dass dein Zeichen andere, die ihm vielleicht folgen, fehlleiten könnte. Kehre also um und entferne das Wegzeichen wieder. Dies gilt übrigens für jeden, der in dieser Welt Zeichen seines Weges hinterlassen möchte – und man hinterlässt immer Zeichen, auch dann, wenn man es gar nicht will. Trage stets Verantwortung für deine Zeichen.

Bleibe in unsicherem Gelände nie auf einem Abhang stehen. Selbst wenn du meinst, festen Tritt gefasst zu haben, tief durchatmest und zum Himmel schaust, senkt sich unter deinen Füßen langsam der Boden, unbemerkt bröckelt der Kies, und plötzlich schießt du davon wie ein Schiff von der Rampe. Der Berg lauert immer auf die Gelegenheit, dir den Boden unter den Füßen wegzuziehen.

Wenn du dreimal Rinnen hinabgeklettert und dann wieder hinaufgeklettert bist, die in Steilhängen enden, die du erst im letzten Augenblick erkennst, und deine Beine vom Knie bis zum Knöchel zittern und deine Zähne sich verbeißen, dann suche eine kleine Plattform, auf der du dich in Sicherheit bringen kannst. Rufe dir alle Schimpfwörter ins Gedächtnis, die du kennst, und schreie sie über den Berg, kurz, beschimpfe ihn auf jede denkbare Weise, dann trink einen Schluck, iss einen Happen und fang von neuem an zu klettern, ruhig, langsam, als hättest du ein Leben lang Zeit, um dich aus dieser Klemme zu befreien. Wenn dir dann abends vor dem Einschlafen dieses Erlebnis wieder einfällt, wirst du verstehen: Nicht zum Berg hast du gesprochen, nicht den Berg hast du besiegt. Der Berg ist nur Fels oder Eis ohne Gehör und ohne Herz, aber vermutlich hat dir die Komödie das Leben gerettet.

Übrigens wirst du dich in schwierigen Augenblicken oft dabei ertappen, dass du zum Berg sprichst, bald schmeichelst, bald schimpfst, bald versprichst, bald drohst – und es wird dir so vorkommen, als ob dir der Berg, wenn du gebührend zu ihm gesprochen hast, antwortet, indem er sich besänftigt und sich unterwirft. Verachte dich deswegen nicht, schäme dich nicht, weil du dich genau wie die Menschen verhältst, die unsere Gelehrten primitiv nennen und als Animisten bezeichnen. Erkenne aber, wenn du dich später an diese Begebenheiten erinnerst, dass dein Dialog mit der Natur nur das Abbild eines Dialogs war, der in deinem Innern stattfand.

Mit den Schuhen verhält es sich anders als mit den Füßen. Sie sind nicht angeboren. Man kann sie wählen. Lass dich bei deiner Wahl zunächst von erfahrenen Leuten beraten, dann richte dich nach der eigenen Erfahrung. Du wirst schon bald an deine Schuhe so gewöhnt sein, dass dir jeder Nagel wie ein Finger vorkommt, der den Fels ertasten und sich an ihm halten kann. Deine Schuhe werden zum empfindlichen und zuverlässigen Instrument und fast zu einem Teil deiner selbst. Und doch sind sie dir nicht angeboren, und doch wirst du sie wegwerfen, wenn sie abgenutzt sind, ohne deshalb aufzuhören, der zu sein, der du bist.

Dein Leben hängt in gewisser Weise von deinen Schuhen ab. Pflege sie, wie es sich gehört. Aber eine Viertelstunde täglich reicht, denn dein Leben hängt noch von mehreren anderen Dingen ab.

Ein Gefährte, der mir an Erfahrung weit überlegen war, sagte zu mir: „Wenn einen die Füße nicht mehr tragen wollen, marschiert man mit dem Kopf“. Und das ist wahr. Es entspricht vielleicht nicht der natürlichen Ordnung der Dinge, aber ist es nicht besser,

mit dem Kopf zu marschieren, als – wie es so oft geschieht – mit den Füßen zu denken?
Wenn du abrutschst und dir ein unwichtiger kleiner Sturz passiert, gönne dir keine Unterbrechung, nimm deinen Marschrhythmus schon beim Aufstehen wieder auf. Präge deinem Gedächtnis die Umstände deines Sturzes ein, aber erlaube deinem Körper nicht, an der Erinnerung hängen zu bleiben. Der Körper will sich immer interessant machen – durch sein Zittern, sein Keuchen, sein Herzklopfen, sein Frösteln, sein Schwitzen, seine Krämpfe. Aber er ist durchaus empfänglich für die Missachtung und Gleichgültigkeit, die ihm sein Meister zeigt. Wenn er fühlt, dass dieser auf sein Gejammer nicht hereinfällt, dass ihn nichts rühren kann, dann kehrt der Körper an seinen Platz zurück und erfüllt bereitwillig seine Aufgabe.

Der Augenblick der Gefahr
Unterschied zwischen Panik und Geistesgegenwart
Der Automatismus (Herr oder Knecht)

Lieber hätte ich Ihnen gleich alles erzählt. Da dies aber zu lange dauern würde – hier der Anfang der Geschichte. Es mag durchtrieben sein, vom Anfang und Ende einer Geschichte zu sprechen, denn wir lernen nie etwas anderes kennen als mittlere Phasen. Der Ursprung der Ereignisse aber war eine Begegnung, und jede Begegnung ist ein relativer Anfang. Zudem erhält bereits diese besondere Begegnung eine ganze Geschichte.
Was ich zu berichten habe, ist so außergewöhnlich, dass ich einige Vorsichtsmaßnahmen treffen muss. Im Anatomieunterricht verwendet man – statt fotografische Abbildungen – lieber klassische Schemata,

die sich in jeder Hinsicht vom Gegenstand der Untersuchung unterscheiden. Nur wenige Zusammenhänge bleiben erhalten, und zwar jene, die man untersuchen will. Hier bin ich ähnlich vorgegangen.

Und so entstand der Plan einer Expedition zum Analog. Nachdem ich den Anfang erzählt habe, muss ich auch erzählen, wie es weiterging; wie der Beweis erbracht wurde, dass es auf unserer Erde einen bis dahin unbekannten Kontinent gibt, dessen Berge höher sind als der Himalaya. Weshalb man diesen Kontinent noch nicht entdeckt hatte. Wie wir dort hinkamen. Welchen Lebewesen wir dort begegneten. Wie eine zweite Expedition, die andere Ziele verfolgte, um ein Haar auf schreckliche Weise umgekommen wäre. Wie wir langsam anfingen, auf dem neuen Kontinent Fuß zu fassen, und wie trotzdem die Reise noch kaum begonnen hat ...

Sehr hoch und sehr fern, über einem Kranz immer höherer Gipfel und immer reinerer Schneefelder, ragt unsichtbar durch die Überfülle an Licht und in einem Glanz, den kein Auge ertragen kann, die äußerste Spitze des Analog zum Himmel auf. „Dort, auf der Spitze, die spitzer ist als die feinste Nadel, wohnt nur der, von dem aller Raum voll ist. Dort, in einer Luft, so dünn, dass alles gefriert, hat nur der Kristall von höchster Härte Bestand. Dort, unter der ungebrochenen Glut des Himmels, in der alles verbrennt, hält sich nur das ewig Leuchtende. Dort, im Mittelpunkt von allem, thront jener, der von allem das Ende sieht und den Anfang."

Das singen die Bergbewohner, und es ist wahr. „Du sagst, es sei wahr, aber sobald es nur etwas kalt wird, verwandelt sich dein Mut in einen Maulwurf. Wenn es nur etwas warm wird, dreht sich dir der Kopf und du fängst Grillen. Wenn du Hunger hast, wird dein Körper zu einem störrischen Esel, den du mit keinem Knüppel mehr von der Stelle bekommst. Wenn du müde wirst, bietet der Unwille deiner Füße deinem Willen Trotz." So sagt ein anderes Lied, das die Bergbewohner ebenfalls singen, während ich schreibe und darüber nachdenke, in welches Gewand ich diese wahre Geschichte kleiden soll, um sie glaubhaft zu machen.

Die Texte 3 + 4 waren als Einführung in Die Geschichte von den Hohlmenschen und der Bitteren Rose *gedacht, die in den* Cahiers du Sud, *Heft 239, Oktober 1941, erschien.*

3. Text

Allerlei Stimmen meldeten sich zu Wort. Man durfte nicht alles glauben, was sie vorbrachten. Eine sprach vom Menschen, der, von den Gipfeln herabsteigend, sich in den Niederungen wiederfindet, wo sein Blick nur die nächste Umgebung erfasst. „Aber er besitzt die Erinnerung an das Gesehene, und sie vermag ihn zu leiten. Wenn man nicht mehr sehen kann, kann man immer noch wissen, und man kann Zeugnis ablegen von dem, was man sah."

Eine andere sprach von den Schuhen und sagte, dass jeder Stift, jeder Nagel im Bergschuh empfindlich werde wie ein Finger, der den Boden abtastet und sich an der kleinsten Unebenheit festklammert. „Und doch sind es nur Schuhe, man hat sie nicht von Geburt an, und eine Pflege von täglich einer Viertelstunde reicht, um sie in gutem Zustand zu halten. Mit den Füßen hingegen wird man geboren und wird man sterben – glaubt man wenigstens. Aber ist das so sicher? Gibt es nicht Füße, die ihren Besitzer überleben oder die vor ihm sterben?“ (Diese Stimme brachte ich zum Schweigen, sie wurde eschatologisch.) Eine andere sprach vom Olymp und vom Golgatha, eine andere von der Sprachenvielfalt und von den Merkmalen des Stoffwechsels bei den Bergbewohnern. Eine weitere schließlich erklärte, wir täuschten uns, wenn wir glaubten, das Hochgebirge sei arm an Sagen, sie kenne mindestens eine äußerst bemerkenswerte. Sie gab jedoch zu, in dieser Sage diene das Gebirge mehr als Szenerie denn als Symbol und der eigentliche Schauplatz der Geschichte sei dort, „wo unsere Menschheit sich mit einer höheren Zivilisation vereinigt, dort, wo eine unumstößliche Wahrheit weiterlebt.“ Stutzig geworden, bat ich die Stimme, mir die Geschichte zu erzählen. Hier ist sie. Ich habe sie gehört und versuche, sie mit aller mir möglichen Achtsamkeit und Genauigkeit wiederzugeben – was allerdings bedeutet, dass man nur eine etwas blasse und ungefähre Übersetzung bekommen wird.

4. Text

An einem Tag im August stieg ich bei aufziehendem Gewitter die rauen, von Hagelböen gepeitschten Schneefelder hinab. Ich wusste, dass verschiedene Umstände mir auf lange versagen würden, in das luftige Reich der gezackten, mitten im Himmel tanzenden Grate zurückzukehren, jene Illusion des Oben und Unten der sich vom blauschwarzen Abgrund der Höhe abzeichnenden Schneewächte, die im Lauf eines schweigenden Nachmittags zusammenstürzen. Ich wollte noch einmal zu den vereisten, durchfurchten Abhängen steigen, von denen nach Schwefel riechende Steinhagel abgehen, wollte noch einmal den grünlichen Hauch einer Gletscherspalte einatmen, noch einmal eine Gesteinsplatte abtasten, mich noch einmal zwischen bröckelndem Gestein bewegen, eine Seilschaft sichern, die Windstärke abschätzen, den Pickel in das Eis schlagen. Und ich wollte hören, wie die kleinen Kristallsplitter in den Gletscher stürzen, dessen Rand – zart überpudert und wie mit Gemmen geschmückt – man leicht übersah, so dass er zu einer Todesmaschine werden konnte. Ich wollte in den Diamanten und dem mehlartigen Schnee eine Spur ziehen, mich zwei Fäden eines Hanfseils anvertrauen und mitten im grenzenlosen Raum getrocknete Pflaumen essen. Auf dem Weg nach unten eine Wolkendecke durchquerend, war ich bei den ersten Steinbrechgewächsen am Rand eines großen Geschiebes von Steinblöcken stehengeblieben, das sich als riesige Schärpe mit perlmuttschimmernden Falten zu dem Geröllfeld in der Tiefe hinabwand.

Ich würde jetzt lange Zeit unten bleiben müssen und – den Eispickel hinter dem Schrank – im Bett liegen oder mich damit begnügen, Blumen zu pflücken. Da erinnerte ich mich daran, dass ich ja Literat war und dass dies eine gute Gelegenheit sei, dieses Metier seinem Zweck entsprechend zu nutzen, der darin besteht, zu reden statt zu tun. Wenn ich schon nicht mehr in den Bergen herumsteigen konnte, würde ich sie eben von unten besingen. Ich muss gestehen, dass ich diese Absicht hatte. Aber glücklicherweise stieß sie mich ab. Sie roch nach jener Literatur, die nur ein Ersatz ist und in der man Sätze aneinanderreiht, um sich vor dem Handeln zu drücken oder um sich über sein Unvermögen zu trösten.

Ich begann ernsthafter nachzudenken, mit jener Schwerfälligkeit und Ungeschicklichkeit, mit denen man denkt, wenn man - indem man über Fels und Eis gesiegt hat - über seinen Körper gesiegt hat. Nein, ich würde nicht über den Berg, sondern durch den Berg sprechen. Mit dem Berg als Sprache würde ich von einem anderen Berg sprechen, welcher der Weg ist, der die Erde mit dem Himmel verbindet. Und ich würde nicht aus Resignation davon sprechen, sondern als Ermahnung an mich selbst.

Und plötzlich lag meine ganze Geschichte vor mir, gekleidet in Worte des Berges, bis zu diesem Tag - eine Geschichte, für die ich jetzt die Zeit brauche, sie zu erzählen und auch die Zeit, sie zu Ende zu leben.

Mit einer Gruppe von Gefährten machte ich mich auf die Suche nach dem Berg, der irgendwo auf unserem Planeten existieren muss, der der Aufenthaltsort einer höheren Menschheit sein muss und der die Erde mit dem Himmel verbindet. Dies wurde logisch bewiesen durch ihn, den wir Vater Sogol nannten, unseren „Älteren" (was das Gebirge betrifft), den Leiter unserer Expedition.

Und nun haben wir den unbekannten Kontinent erreicht, den Nukleus edlerer, in der Erdkruste verborgener Substanzen, der von den Blicken der Neugier und der Begehrlichkeit durch die Krümmung des Raumes, der ihn umgibt, geschützt ist - genauso wie ein Quecksilbertropfen durch seine Oberflächenspannung für den Finger, der seinen Mittelpunkt berühren will, undurchdringlich bleibt.

Durch unsere Berechnungen (wir dachten an nichts anderes), durch unsere Sehnsüchte (wir ließen jede andere Hoffnung fahren), durch unsere Anstrengungen (wir verzichteten auf jede Erleichterung) hatten wir den Zutritt zu dieser neuen Welt erzwungen. So schien es uns. Doch in der Folge erfuhren wir, dass wir nur zum Fuß des Analog hatten gelangen können, weil die unsichtbaren Pforten der unsichtbaren Gegend von jenen, die sie bewachen, geöffnet worden waren. Der Hahn, der in der Morgendämmerung kräht, glaubt, sein Gesang erschaffe die Sonne. Das in einem geschlossenen Zimmer schreiende Kind meint, durch sein Geschrei öffne sich die Tür. Aber Sonne und Mutter gehen den vom Gesetz ihres eigenen Wesens vorgeschriebenen Weg. Jene, die uns sehen, auch wenn wir uns nicht sehen können, hatten uns die Tür geöffnet und mit einem großzügigen Empfang unsere kindischen Berechnungen, unsere wechselnden Sehnsüchte, unsere kleinen und ungeschickten Bemühungen beantwortet.

An Stelle eines Nachworts von Paul Zimmermann

Anfang Dezember 2016 stieß ich mehr oder weniger zufällig auf den folgenden Eintrag in der Online-Enzyklopädie Wikipedia:

> *Mount Analogue ist ein markanter und 3170 m hoher Berg im westantarktischen Marie-Byrd-Land. Im Watson ist er die höchste Erhebung eines Gebirgskamms, der vom Phleger Dome des Stanford-Plateaus in den Horlick Mountains nach Norden verläuft.*
> *Der Berg wurde zwischen 1977 bis 1978 im Rahmen des United States von einer Gruppe Geologen der Arizona State University unter der Leitung von Edmund Stump (* 1946) erkundet. Stump benannte ihn nach dem mythischen Berg aus der Novelle Le Mont Analogue des französischen Schriftstellers René Daumal.*

Der Eintrag öffnete wie eine aufbrechende alte Wunde ein ungelöstes Rätsel in mir, das mit dem Leben meiner Eltern zusammenhängt, die ich wegen ihres frühen Todes nie wirklich gekannt habe, geschweige denn begreifen konnte. Eine irritierende Realität strömte durch diesen Fund plötzlich in mein Leben ein, dessen Merkwürdigkeit damit zu tun hat, dass ich von meinem Vater weiß, dass er zusammen mit meiner Mutter Teilnehmer einer obskuren Expediti-

on zu einem mystischen Berg mit dem Namen „Analog“ war, die dem Versuch seiner Besteigung galt. In den 1930er Jahren galten die beiden für einige Jahre als verschollen, viele Jahre später, kurz vor Kriegsende und noch vor meiner Geburt kehrten sie auf ebenso mysteriöse Weise wieder nach Europa zurück, zuerst nach Paris, später in die Nähe von Frankfurt, wo ich heute lebe. Ich forschte weiter nach, und es scheint mir, als sei jener Berg Analog, von dem mir mein Vater gelegentlich andeutungsweise erzählt hatte, nunmehr in der realen Welt einer globalisierten Gesellschaft angekommen.
Eine Quelle im Internet[5], die sich „National-Intelligence Agency, Bethesda, MD, USA” nennt, gibt seine genauen Koordinaten an:
Primary Latitude in degrees, minutes, and seconds: 85° 49‘ 00“ S;
Primary Longitude in degrees, minutes, and seconds: 138° 05‘ 00“ W.
Und als weitere Anmerkung: “*No claims are made regarding the accuracy of information contained here. All suggestions for corrections of any errors about Analogue, Mount should be addressed to the National Geospatial-Intelligence Agency.*”

Das liest sich langweilig, kalt und trocken. Wie anders sind meine Erinnerungen an die Erzählungen meines Vaters, obgleich ich immer den Eindruck hatte, dass er mir, ebenso wie vielen anderen, die ihn nach seinem Verschwinden in den 1930er Jahren fragten, Wesentliches verschwieg. Er war zurückhaltend und still und – hier möchte ich auch das etwas altmodische Wort „zufrieden“ verwenden, weil es am besten ausdrückt, was ihn auszeichnete. Es war eine stille und ohne viele Worte mitteilsame und heitere Zufriedenheit, die aus seinen bis zum Lebensende strahlenden Augen sprach und die alle, die mit ihm zu tun hatten, ahnen ließ, dass es ein „Mehr" hinter dem was er sagte gab, ein unausgesprochenes und vielleicht unaussprechbares Ganzes, das sich ihm in den Jahren seiner Abwesenheit erschlossen hatte. Irgendwie hatten wir alle, damit meine ich die Familie und alle, die mit ihm zu tun hatten, Anteil daran.

Vor ein paar Tagen hatte ich eine merkwürdige Begegnung in der S-Bahn: Nicht weit von mir stand ein Mann, den Mantelkragen hochgeschlagen, denn es war das übliche nasskalte Spätherbstwetter. Mit einer Hand hielt er sich am Haltegriff fest. Sein Gesicht hatte markante, freundliche Züge, die mir bekannt vorkamen, auch seine kräftigen, von körperlicher Arbeit geprägten Hände. Er erinnerte mich an meinen Vater, dem ich viel verdanke. Das Gefühl war so stark, dass ich seine physische Anwesenheit spürte, und der Wunsch in mir aufstieg, diesen fremden Menschen anzusprechen.

In den gleichen Tagen gab es noch eine Entdeckung, die mich an meinem Verstand zweifeln ließ: Über Facebook verbreitete sich im November ausgehend von der Adresse Logon.Analog, ein Aufruf, der mich an den Beginn der Expedition erinnerte, von der mir meine Eltern mehrmals erzählt hatten. Allerdings enthielt der Facebook-Aufruf den Zusatz, dass die Entscheidung wegen der Beschleunigung der Zeit kurz gehalten werden müsse.

Diese und andere „Ereignisse" verstärkten in mir das Gefühl, dass der mystische Berg Analog sozusagen in unserer Welt ein Faktum geworden ist. Ob er damit

seine wirkliche Dimension verliert, oder ob nur der Fuß des Berges für alle sichtbar geworden war, blieb meinen Grübeleien verschlossen. Auf jeden Fall beschäftigten mich diese Gedanken mehr, als es meine beruflichen Verpflichtungen eigentlich zuließen. Ich nahm einige Tage Urlaub und stöberte einer Eingebung folgend - seit langem wieder einmal - auf dem Dachboden unseres Elternhauses, wo ich schließlich Blätter eines Tagebuches fand, das der sauberen und klaren Schrift nach zu schließen, von meinem Vater stammen musste. Einige Seiten fehlten, vielleicht hat er sie selbst noch zu seinen Lebzeiten entfernt; einige waren zerrissen, etliche Stellen waren unleserlich, teils weil Wasser darüber gelaufen war, teils weil sie absichtlich unleserlich gemacht worden waren.
Auf der ersten lesbaren Seite ist nur eine Art Leitsatz zu erkennen: „Berge sind stille Meister und machen schweigsame Schüler (Goethe)". In meinen Ohren klingt der Satz wie ein Leitmotiv meiner Eltern, das bis heute, Jahre nach ihrem Tod, nachhallt und mein Leben tief geprägt hat. Sie waren schweigsam und dennoch beredt: durch ihre Gegenwart, ihren Umgang mit anderen Menschen und ihre Liebe zu den Bergen. Unter Anderem äußerte sich diese Liebe in unzähligen Ausflügen mit mir und meiner Schwester Veronika, die meistens in touristisch unerschlossene Gegenden der Alpen führten und abseits aller Wege in steilem, unwegsamem Gelände endeten.
Manche Blätter des Tagebuches möchte ich hier nicht wiedergeben, weil sie mir zu privat vorkommen, um sie der immer größer werdenden Leserschaft des Analog anvertrauen zu können. Ich beschränke mich auf Passagen, die eine Art Rückbesinnung auf die Tage der Besteigung des Analog enthalten und einige

aus der Zeit nach der Rückkehr meiner Eltern nach Paris. Es handelt sich um wörtlich wiedergegebene Bruchstücke, von denen ich glaube, dass sie dazu beitragen, das Anliegen der Expedition, der meiner Eltern ihr Leben gewidmet haben, besser zu verstehen. Für mich sind die ausgewählten Stellen bedeutsam, der Leser möge entscheiden, ob sie auch für ihn interessant sind.

Aus einem Tagebuch meines Vaters Theodor Zimmermann

Juli 1943
Der unter kanadischer Flagge laufende Frachter Proteus greift uns auf, nachdem unsere gute alte Yacht, die Impossible, in einem Sturm manövrierunfähig geworden ist. Wir sind froh, überlebt zu haben. Es folgt eine lange Rückreise zuerst nach Le Havre und dann nach Paris, über die es nichts Besonderes zu berichten gibt, außer, dass wir uns körperlich schwach fühlen und Mühe haben, in die alte Welt und zu „normalen" Menschen zurückzufinden. Mit dem zunehmenden zeitlichen Abstand zu unseren Erlebnissen am Analog beginnt ihre Selbstverständlichkeit immer mehr der Wahrnehmung der Tragweite unseres Unternehmens zu weichen. [...]

21. Mai 1944
Es ist Muttertag, als wir Paris erreichen. Der Generalstreik und der Aufstand holen uns vollständig in eine andere Realität zurück. Der zweite Weltkrieg geht seinem Ende entgegen, aber die Schrecken des Krieges sind überall spürbar. Haben wir uns auf der Insel dem Leid der Menschen im Krieg entzogen? [...]

Januar 1946
Der Krieg ist vorbei und wir haben uns im Arrondissement de l'Observatoire, in einer kleinen Wohnung, die uns Freunde zur Verfügung gestellt haben, eingerichtet. In stillen Stunden versuche ich zu rekonstruieren, was am Berg und danach geschah:
[...] Die Gipfelzone war von der Basis aus nicht sichtbar. Das ist ein bekanntes Phänomen. Je näher man an den Berg herankommt, desto eher versteckt er sein Haupt hinter Vorbergen und nahe liegenden Hindernissen. Aber wir wussten aus Büchern und Berichten, die wir in Port-des-Singes gefunden hatten, dass es weiter oben ein weites vergletschertes Plateau geben würde, aus dem die eigentlichen Gipfel aufragen.
Angesichts der Steilheit und Schwierigkeit des Bergmassivs, das sich vor unserem Lager auftat, gerieten wir in eine ernsthafte Auseinandersetzung über die richtige Anstiegsroute. Da wir ausnahmslos erfahrene Alpinisten waren, hatte jeder seine eigene sehr konkrete Vorstellung über die weitere Route. Die einen wollten unbedingt die steileren Abschnitte der Eisflanke vermeiden und in die Felsen ausweichen, um eventuellen Lawinen und dem drohenden Eisschlag vom Plateaugletscher aus dem Wege zu gehen. Eine andere Gruppe meinte, der Zugang zur Felsrippe sei zu großen Risiken durch Steinschlag ausgesetzt und deshalb sei gerade die Eisflanke der direkteste, schnellste und daher sicherste Weg, um das Plateau zu erreichen. Eine dritte Gruppe entschied sich schließlich, auf besseres Wetter zur warten. Wenn die Sicht erst frei wäre, könne man die richtige Entscheidung treffen. (Addendum nach unserer Rückkehr: Ich habe gehört, dass sie schließlich wieder ins Tal abgestiegen sind. Dass ausgerechnet unsere Erfahrensten und Besten dabei waren, konnte ich mir zwar kaum vorstellen, aber es war wohl so, wie die Leute in der Stadt

sagten, die sie unten gesehen hatten. Man sagt, sie hätten eine neue Expedition vorbereitet.)

Da wir uns nicht einigen konnten, beschlossen wir schließlich, uns in Seilschaften aufzuteilen, die auf verschiedenen Wegen vorgehen bzw. noch abwarten würden. Diese Entscheidung war erleichternd; sie verschaffte uns den notwendigen inneren Frieden und stellte die Harmonie in der Gruppe wieder her. Wir akzeptierten, dass wir verschieden waren und dass es verschiedene Wege geben muss.

Es war am zwölften Tag unserer Besteigung seit Verlassen des Basislagers. Alle hatten wir uns gut an die Höhe gewöhnt, der Atem ging nicht mehr so pfeifend wie am Anfang, es gab genug zu essen und zu trinken und Brennstoff für unsere Kocher. Schon fand eine Gewöhnung an das einfache Lagerleben und die Enge in den Zelten statt. Nur das Wetter blieb schlecht und drückte auf unsere Stimmung. Gegen Abend tauchte aus dem Nichts des grauen Nebels eine Gestalt auf. Als sie näher kam, erkannten wir einen Bergführer.

Es musste der Bergführer einer vorangehenden Expedition sein. Er sprach kurz mit unserem Begleiter, dann schenkte er uns einen kleinen peradám von einer Klarheit, wie wir sie im Tal nie gesehen hatten. Dieses kleine wunderbare Stück Kristall fachte die Begeisterung über unser Vorhaben von neuem an. Am Abend saßen wir zusammen und sprachen über nichts anderes als den Aufstieg.

Trotzdem konnten wir uns nicht einigen, welche Gruppe den peradám mitnehmen sollte. Es gab aufrichtige Argumente wie „diejenigen, welche die schwierigste Route gehen " oder „die Schwächsten unter uns, denn sie brauchen ihn am nötigsten" oder „die Stärksten, denn sie haben die größten Chancen, den Gipfel zu erreichen und er wird ihnen helfen".

Insgeheim warteten wir auf ein klares Wort und die Hilfe

unseres Bergführers, aber er verhielt sich eigentümlich still und indifferent. Schließlich gaben wir ihm den peradám mit der Bitte, er möge ihn für uns alle aufbewahren in der Zeit, in der wir am Berg waren. Spät in der Nacht erklärte er uns ohne Umschweife, dass wir bald auf eigene Verantwortung und ohne ihn weiterkommen müssten. Wir waren einigermaßen entsetzt. Seine Ankündigung gab Anlass zu wilden Spekulationen: Würde er sich einfach aus dem Staub machen, fragten sich einige. Wusste er womöglich schon vorher, dass wir es nicht schaffen würden? Oder war es eine Art Erziehungsmaßnahme, eine Prüfung unseres Durchhaltevermögens und unserer Fähigkeiten? Einige sagten auch: Vielleicht war er gar kein richtiger Führer, seine Geschichten waren zu weit hergeholt. Ein Bergführer, der seine Klienten verlässt – eigentlich ein Unding! Wie dem auch sei, fortan fürchteten wir uns vor dem Tag, an dem wir – so verschieden und uneinig wie wir waren – auf uns selbst gestellt sein würden. Aber schließlich nahmen wir diese Situation an, denn es blieb uns keine andere Wahl.

Am dritten Tag nach dem Besuch des fremden Bergführers besserte sich das Wetter etwas und Renée und ich entschieden uns kurzfristig für den Aufstieg. Um drei Uhr morgens starteten wir – auch Hans und Karl, die beiden Österreicher, auf ihrer Route. Nachdem es hell wurde, konnten wir für kurze Zeit das tief unter uns liegende Lager und die zurückgebliebenen Expeditionsteilnehmer als kleine schwarze Punkte im diffusen Weiß sehen; manchmal hörten wir auch ihre Stimmen, dann riss der Kontakt vollständig ab.

Renée und ich hatten uns zusammengebunden. Wir kamen nur sehr langsam voran. Lag es am wechselhaften Wetter oder an den Verhältnissen am Berg, oder an unserer geringen Kraft? Es hatte viel geschneit, und die kurze Phase des guten Wetters, die unseren bisherigen Aufstieg beflügelt hatte, schien vorüber. Die Gletscherspalten waren mit trügerischen Schneebrücken zugeweht, und die Notwendigkeit zu sichern, kostete viel Zeit. Wir hatten uns für den steilen Weg durch das Eiscouloir und die anschließende Felsrippe als Aufstieg entschieden, entsprechend mühsam war unser Aufstieg, das schwarze Gestein war locker und stellenweise von Eis überzogen. Unser winziges Zelt kam uns nach den anstrengenden Tagen des Steigens wie ein Palast vor. [...] Zweieinhalb Tage brauchten wir, bis das Gelände flacher wurde und wir uns dem Rand des geneigten Gletscherplateaus näherten, wo der schwarze Felsgrat gänzlich unter Schnee und Eis verschwand. Dort sahen wir in einiger Entfernung das Zelt der beiden Österreicher Hans und Karl im Schnee. Auch sie hatten es anscheinend bis hierher geschafft. Es war kalt und wie die letzten Tage windig und neblig. Wir suchten einen geeigneten Lagerplatz und versuchten, im Sturm zu einer Routine zu finden: Teekochen, Nach-dem-Wetter-schauen, die Ausrüstung überprüfen ... Schlimmer als der andauernde Sturm war Folgendes: Am dritten Tage nach unserer Ankunft auf dem Plateau verloren wir auch Hans und Karl aus den Augen. Was genau dort oben stattfand, werden wir wohl nie erfahren. Manchmal hörten wir Stimmen, lautes Rufen, aber es hätte auch der Sturm sein können, der über Nacht mit unvorstellbarer Gewalt über das Plateau fegte und das Knattern der Zeltwände noch übertönte.

Am Morgen nach einer schlimmen Nacht ließ der Sturm etwas nach, und zwischen einzelnen Wolkenfetzen wurde glitzernd, stechend weiß und unnahbar weit und hoch am unsichtbaren Ende des geneigten Plateaus ein Kranz von Gipfeln sichtbar – nie alle, sondern immer nur ein kleiner Ausschnitt, wie im Spalt eines Wolkenvorhangs, der sich ständig veränderte. Wir stellten verwundert fest, dass

Renée andere Gipfel sah als ich, obwohl wir die Szenerie vom gleichen Standpunkt aus betrachteten. Sicher hätte Pierre Sogol uns das Phänomen erklären können, aber er war nicht da. Wir waren unfähig, aus diesen Teilen etwas Ganzes oder Zusammenhängendes zusammenzusetzen, oder ein präzises Ziel zu bestimmen, denn der geometrische Bezugspunkt, der Gipfel, war in der blendenden Helle nicht auszumachen. Sollten wir allein ohne Bergführer weitergehen? Es war lebensgefährlich. Und doch hatten wir den Eindruck, dass wir nicht allein waren: Alle, die jemals hier oben waren, standen hinter uns.

Ein altes Lied der Bergbewohner überfiel uns plötzlich mit unbegreiflicher Macht und wir wussten intuitiv, dass es wahr ist. „Dort auf der Spitze, die spitzer ist als die feinste Nadel, wohnt nur der, von dem aller Raum voll ist. Dort, in einer so dünnen Luft, dass alles gefriert, hat nur der Kristall von höchster Härte bestand, dort unter der ungebrochenen Glut des Himmels, die alles verbrennt, hält sich nur das ewig Leuchtende. Dort im Mittelpunkt von allem thront der, der von allem das Ende sieht und den Anfang.“[6]

Vielleicht ist der Gipfel die „Weite“, die Unendlichkeit, nicht ein Euklid'scher Punkt. Er ist nicht zu fassen, weil er dem Oben und dem Unten angehört. Trotz seiner unfassbaren Größe ist er konkret, oder besser gesagt: Er wird konkret im Konkreten. Was man spürt: Die Kälte, die glühende Sonne, die Eiskristalle, die der Wind vor sich hertreibt, all das ist konkret, aber es ist nicht das Wesen, die Kraft, das Eigentliche, also die Spitze des Berges. Und sie ist es, die das Unmögliche möglich machen kann.

Was uns zurückhielt, war das Schicksal der anderen. Einen Tag lang suchten Renée und ich die Umgebung im tiefen Neuschnee nach ihnen ab. Aber nach einer Phase schmerzlicher Verunsicherung fingen wir einfach an, das Notwendigste zu packen. Es war eine Entschei-

dung, die aus der Stille in uns aufstieg, kein Abwägen von Vor- und Nachteilen, Nützlichkeiten oder Risiken. Kein Ehrgeiz, kein innerer Dialog, kein äußerer Dialog. Es geschah einfach ..., es musste sein, im Wissen, dass wir es nicht schaffen würden ... So gingen wir am entscheidenden Tag zusammen hinaus in das glitzernde Meer aus Schnee und Eis, unserem Berg entgegen.

[Die nachfolgenden Blätter fehlen im Originalmanuskript. Die Eintragungen beginnen erst wieder im Jahr 1957.]

13. März 1957
Viele Jahre sind vergangen, wir sind wieder in Paris und ich beginne zu reflektieren, was damals geschah. Wir steigen immer noch auf die Berge, nicht mehr extrem und ohne jeden Gedanken an Eroberung oder Erreichen. Die Welt ist anders geworden für uns, wir leben unser Leben in der großen Stadt, sie ermöglicht es uns gleichzeitig, nicht dazu zu gehören. Wir haben eine Familie und einen wachsenden Freundeskreis, dem wir innerlich stark verbunden sind.
Erinnerung verlangt Distanz, zeitlich, aber auch mental. Eine Besonderheit unseres Lebens auf der Insel kommt mir in den Sinn: Es gab dort keine Reflexion. Man machte sich keine Gedanken über wann, wie und warum. Denn das Ziel war klar. Eigentlich seit unserer Abreise, aber spätestens seit unserer Ankunft in Port-des-Singes gab es keine Frage nach dem Warum unseres Tuns. Die Frage nach dem Sinn löste sich im Fluss des Geschehens auf. In der Erinnerung tauchen auch Bilder der nutzlosen Vorbereitung der Expedition wieder auf. Es ist, als ob wir nicht Zuschauer sondern Akteure in einem Film waren, aus dessen Skript man nicht durch Reflexion ausbrechen kann. Das

Denken ist Teil dieses Zusammenhangs. Es kommt mir vor wie eine Logik ohne Axiom.
Erst jetzt, nach Jahren, die wir wieder in Paris leben und uns dieser Welt wieder stärker verbunden fühlen, setzt unsere Erinnerung ein. Die Distanz wird wirksam und gleichzeitig mit dem Erinnern das Wissen. Auf einmal weiß ich: Ich verstehe die Maxime der Bergführer wieder neu. Sie war mir eigentlich immer klar und gilt immer:
Wer oben ist, wird verändert, aber er muss (gerade deshalb?) auch wieder ins Tal. Auch wir sind wieder heruntergekommen, ja, weiter noch, zurück in die Welt, aus der wir einmal vor unserer Expedition zum Analog kamen. Wie oft wird sich der Vorgang wiederholen?
Ich schlendere durch die Straßen von Paris und suche das Haus von Dr. Sogol. Es existiert nicht mehr ... ein tiefes Loch, in dem durch Bagger und Bauarbeiter die Fundamente für ein neues Gebäude Gestalt annehmen, hat sich an dieser Stelle aufgetan. Die Stadt mit ihren Kaufhäusern und Bürobauten hat sich das Haus mit der bizarren Dachwohnung einverleibt.
Wenige Tage später, am 20. März 1957 entdecke ich eine kleine Anzeige im Le Figaro direkt unter einer Werbung für Damenstrümpfe, Handtaschen und Fotos aus einem bekannten Pariser Restaurant, in der ein Dr. Logon Teilnehmer für eine Expedition sucht. Ist es der Pierre Sogol, der mich vor vielen Jahren zu sich einlud und sich jetzt einen ähnlichen Namen ausgedacht hat, oder ein anderer? Die Distanz verschwimmt. Zur Vorbereitung wird die Lektüre von Guillaume Appollinaire, Antoine de Saint-Exupéry, Albert Camus, Georges Perec, Georges Gurdjieff und René Daumal empfohlen. Die Anzeige freut mich, denn sie zeigt, dass unser Projekt lebt. Je länger wir wieder in Europa sind, desto größer wird das unsichtbare Netzwerk das uns alle verbindet.

Die Ausbreitung der Idee des Analog hat begonnen. Es ist, so schreibt ein Beobachter, der selbst Alpinist und im Hauptberuf Physiker ist, im Jahrbuch des Deutschen und Österreichischen Alpenvereins „als ob sich nach der unendlichen Trübsal und dem Leiden des zweiten Weltkrieges eine Sphäre von Hoffnung, Aufbruchstimmung und Bergbegeisterung ausbreitet, wie ein Netz von Beziehungen, das den ganzen Kontinent überspannt, und dessen Fäden in den Händen jenes Dr. Logon zusammenlaufen. Ist Logon nur ein Synonym für die Entdeckung des eigenen neuen Wesens, das nach all dem Leid nun erwacht?"

Der Bericht des Bergführers

Zwischen verschiedenen alten Papieren, Dokumenten, Zeitschriften und einigen persönlichen Dingen meiner Eltern fand ich auch einige Blätter aus merkwürdigem Papier, die in einer mir unbekannten ungelenken Handschrift beschrieben waren. Sie stammten ganz offensichtlich von „der Insel" und waren meinen Eltern bei ihrer Abreise mitgegeben worden. Es handelt sich um den Bericht eines Bergführers an den Bergführerverband in Port-des-Singes, und die Vermutung liegt nahe, dass er sich auf die Expedition bezieht, an der auch meine Eltern teilnahmen.

Bericht an den Verband der Bergführer von Port-des-Singes

Wie jeder von uns, der eine Expedition begleitet, folge auch ich der Gepflogenheit, nicht nur einen sachlichen Bericht abzugeben, sondern auch über Eindrücke zu berichten, denn wir sind in subtiler Weise Teil der Expedition, sind ihrem Wohlergehen verpflichtet, andererseits aber auch höheren Gesetzmäßigkeiten und dem hohen Ziel unserer Gemeinschaft unterworfen.

Liebe Freunde und Gleiche,

ein Prinzip der Statuten des analogischen Alpinismus, die uns allen bekannt sind, lautet: „Du kannst nicht für immer auf dem Gipfel bleiben; du musst wieder hinunter. Wozu dann überhaupt? Darum: Das Oben kennt das Unten, das Unten kennt das Oben nicht. [...]

Es gibt eine Kunst, sich in den unteren Regionen leiten zu lassen durch die Erinnerung an das, was man oben gesehen hat. Wenn man nicht mehr sehen kann, kann man doch immer noch wissen.“ [7]

Wir alle besitzen für immer die Erinnerung an das Gesehene, und sie leitet uns. Ein Teil von uns bleibt also „oben“, und deshalb sehen wir alle Dinge der gewöhnlichen Welt neu, nicht als Überlegener, sondern aus der Perspektive einer durchdringenden und umfassenden Erfahrung, die uns Wissen schenkt. Es ist,

als ob das Licht eines peradám uns hilft, Zusammenhänge zu sehen. Und wir stehen oft vor der Frage: „Warum, warum nur, machen die Menschen dieses oder jenes?“
Es gilt aber auch die Umkehrung: Wer nicht wieder herunterkommt, war nicht oben. Er ist irgendwo unterwegs gestrauchelt, hat seine Kräfte oder den Berg falsch eingeschätzt – was auf das Gleiche hinausläuft. Andererseits waren nicht alle oben, die wieder herunterkommen. Viele schrecken vor der letzten Konsequenz zurück. Aber es ist unsere Erfahrung: Wer oben war, kommt anders wieder herunter. Alle die oben waren, haben die Erfahrungen der Mühe und der Verzweiflung, der Hitze und der Kälte, der endlosen Einsamkeit und der Verschmelzung mit allem und mit dem überströmenden Glück der Weitsicht gemacht. Auch wenn diese Wahrnehmung vorbei ist, wenn sie teilweise versinkt im Dunst der Täler und sich absetzt in den Sedimenten der Aktivitäten des täglichen Lebens, bleibt sie gegenwärtig und verändert uns und unsere Umgebung.

Alle, die unserem Verband angehören, waren oben, aber nicht alle auf dem gleichen Weg und wahrscheinlich auch nicht auf dem gleichen Gipfel, obwohl keiner das genau sagen kann, denn die Beschreibungen unserer Mitglieder weichen stark voneinander ab. Je höher man kommt, desto mehr erkennt man, dass das Massiv weit verzweigt ist und aus einem Meer von Bergrücken und Graten unterschiedlichster Formen besteht, so dass der Eindruck entsteht, die Form selbst sei im Fließen und entstehe andauernd neu in einem lichtdurchfluteten Dunst, geschaffen durch unsere Sehnsucht und unser Wissen. Wenn alle berichteten, dass ganz oben immer eine kaum zu ertragende – manche sagen: eine „blendende“ – Klarheit herrscht, gleichen sich die Beschreibungen in diesem Punkt fast wörtlich. Möglicherweise ist es der Wind, der diesen Eindruck hervorruft, auch die Höhe spielt eine Rolle und die Abnahme des Sauerstoffpartialdrucks in den Lungen, vor allem aber der vertikale Abstand von allem, was unsere Insel sonst auszeichnet.

Trotz abweichender Berichte und Erfahrungen erkennen wir einander. Jeder, der oben war, erkennt jeden anderen, der oben war. Das ist der unsichtbare Ausweis unseres Verbandes der Führer; wir erkennen einander am Blick, an den Augen, am Licht in den Augen, in denen sich das Leid und das Glück des Aufstiegs, der Nerven zerfetzende Sturm, die Kälte ebenso wie die Erhabenheit des allumfassenden Überblicks spiegeln. Erst sekundär spielen die peradáms eine Rolle – die Währung unter den Gleichen und die eigentliche Grundlage der Wertschöpfung unserer Insel.

Tatsächlich kann keiner von uns beschreiben, wie es am höchsten Punkt des Analog aussieht, zudem hat jeder einen anderen, seinen, höchsten Punkt. Tatsache ist nach allen Berichten, dass das Eigentümliche des Berges gerade darin besteht, dass er „höher ist als der höchste Berg der Welt“ (so sagen die Bewohner der Insel) und gerade deshalb zwar konkret, aber dennoch nicht erreichbar. An manchen Herbsttagen, wenn die Luft klar und kalt wie geschliffenes Glas ist, glaubt man, drei Gipfel von der Stadt oder vom Meer aus zu sehen; macht man sich auf den Weg, verschwinden sie hinter den Vorbergen und verstecken sich über den Schluchten und Tälern des Anmarsches

– wenn sie nicht hinter dem üblichen Wolkenvorhang verborgen bleiben.
Diese allgemeinen Vorbemerkungen möchte ich meinem kurzen Bericht voranstellen. Damit folge ich der Gepflogenheit, die einzelne Bergbesteigung nicht als singuläres Ereignis zu sehen, sondern alles, was damit zusammenhängt, in einen größeren Zusammenhang zu stellen, den wir als „analogisch“ oder „Logik ohne Axiom“ bezeichnen.
Zur Gruppe, die ich begleitete, habe ich Folgendes mitzuteilen:
Die Gruppe bestand aus fünf Männern und drei Frauen, alle einigermaßen trainiert und mit genügend Erfahrung und dem starken Willen, den Gipfel zu erreichen, ausgestattet. Ich begleitete sie bis in das Lager unterhalb der steilen Hänge, die zum Plateau hinaufführen, wo sich bekanntermaßen alle Wege trennen, um sich auf einer anderen Ebene zu vereinen. Einige fanden sich zu einer Seilschaft zusammen, einige gingen später ins Basislager auf der Randmoräne des Gletschers zurück ... Aber alle waren sehr angestrengt und ausgesprochen ehrgeizig. Das Prinzip der Gelassenheit und das Geheimnis der Schnelligkeit in der Langsamkeit, das die Zeit auflöst, hatten nur zwei von ihnen begriffen.
Ich kümmerte mich vor allem um diejenigen, die trotz des üblichen Nebels und der Sturm getriebenen Wolkenfetzen weitergehen wollten. Nachts war Schnee gefallen, und der Tag begann mit Teekochen und Freischaufeln der Zelte. Ich blieb, wie es die Statuten verlangen, bis zu ihrem Abmarsch bei ihnen, um sicher zu gehen, dass sie nicht in ihr Unheil rennen.
Am dreizehnten Tag nach Erreichen des Basislagers

und nachdem ich mich versichert hatte, dass sie gut versorgt und gesund waren, zeigte ich ihnen noch die Richtung und gab ihnen die letzten technischen Anweisungen, dann machte ich mich auf den Rückweg ins Tal.

Entgegen einem verbreiteten Glauben im Tal, war es noch nie unsere Aufgabe, die uns anvertrauten Menschen bis auf den Gipfel zu führen. Es verstößt gegen die Regeln unseres Verbands. Wir sind keine Sherpas und keine Träger. Dennoch war ich mir in diesem Falle unsicher, ob ich sie nicht doch hätte weiter begleiten sollen, denn es handelte sich um eine charakterlich sehr schwache Gruppe, die sich selbst am Fortkommen hinderte – weniger durch ihre Heterogenität und ihre markanten und eigenwilligen Charaktere, als durch ihren ausgeprägten Willen, siegreich zu sein, ihre Missgunst untereinander und mangelnde Geduld.

Es ist noch von einer Begebenheit im Basislager zu berichten, in der sich diese Expedition bei näherer Betrachtung jedoch in nichts von all den vorausgegangenen unterschied. Wir wissen, dass wir nie die Einzigen am Berg sind. Und so kommt es in seltenen Fällen zu Begegnungen, relativ häufig jedoch zu Berührungen. Die uns vorausgehende Expedition hatte das Basislager wohl schon vor einigen Tagen verlassen. Oder sie hatte es einige hundert Meter höher auf der Randmoräne des Gletschers aufgeschlagen. Dort ist es etwas flacher, aber dafür steiniger. Am zweiten Nachmittag nach unserer Ankunft im Basislager kam ein Bote der uns vorausgehenden Expedition. Wir haben die üblichen Worte gewechselt und er brachte – wie seit alters her Usus ist – ein keines Geschenk mit: Einen kleinen aber ungewöhnlich leuchtstarken

peradám, den er meiner Gruppe als Geste des Willkommens und des Ausdrucks der Verpflichtung gegenüber der gemeinsamen Sache überreichte. Sofort entspann sich ein heftiger Disput darüber, welche der Teilgruppen ihn bekommen sollte: Diejenigen, die den schwierigeren aber kürzeren Weg gehen wollten oder diejenigen, die den längeren aber von objektiven Gefahren weitgehend freien Weg gewählt hatten. Sie fassten den peradám als eine Art Talisman auf, der ihnen Schutz bieten könnte oder ihnen Glück bringen würde, dabei ist er vieles andere, aber das gewiss nicht. Aus dem Disput entwickelte sich ein regelrechter Streit und wie immer geriet dabei das eigentliche Ziel der Expedition aus den Augen.
Einige wollten schon jetzt umkehren; sie merkten, dass sie die Schwierigkeiten und die Höhe unterschätzt hatten. Am späten Abend machte ich sie mit dem Gedanken vertraut, dass sie von hier aus alleine ihren Weg finden müssten.
Auch im Hinblick auf Artikel 7.3 unserer Statuten glaube ich richtig gehandelt zu haben, als ich sie von hier aus alleine ihren Weg fortsetzten ließ. Es heißt dort: „Ungeachtet möglicher Konflikte in der Gruppe ist das Ziel vorrangig, die anvertrauten Bergsteiger zur Eigenverantwortung zu führen. Dabei muss nicht nur in Kauf genommen werden, sondern es ist davon auszugehen, dass eben jene lebensbedrohlichen oder nah-todlichen Situationen entstehen können, die wir als Ausgangspunkt für eine erfolgreiche Besteigung erachten."
So verließ ich sie.
Viel später traf ich einige in der Stadt wieder. Die Besteigung hatte alle verändert, ihr Leben durcheinandergebracht, manche waren in ihrem Stolz tief ver-

letzt und waren nun verstummt, bei einigen trat das umgekehrte Phänomen äußerster Beredsamkeit ein. Sie sprachen fortwährend von ihrer nächsten Chance, von einer Expedition im nächsten Jahr, in der sie hofften, dass ihnen ihre Erfahrung von Nutzen war. Die meisten haben ihre völlige Hilflosigkeit vergessen, die Angst, das Erlebnis der absoluten Kleinheit und des Nichtseins, die Erfahrung der Verzweiflung und deren Notwendigkeit. Andere schoben jeden Gedanken an einen zukünftigen zweiten Versuch weit von sich und nisteten sich in ihren Hobbys und Vorlieben in Port-des-Singes ein.

Nur zwei waren oben, ein Mann und eine Frau, vielleicht waren beide auf demselben Gipfel, was allerdings sehr unwahrscheinlich ist und extrem selten vorkommt. Aber es ist auch nicht wichtig. Ich sah es an ihren Augen, als ich sie bei der Nachbesprechung sah – eher tot als lebendig –, aber das Kennzeichen – der peradám, der Stein Adams, – war in ihren Augen deutlich zu sehen.

Ich verbürge mich dafür, dass wir die beiden in unsere Reihen aufnehmen. Sie werden noch einiges an Training benötigen, weniger technisch als mental, aber dann können sie unserer Arbeit und unserem Stand von großem Nutzen sein, an welcher Stelle auch immer wir sie einsetzen.

So ist auch diese Expedition verlaufen wie viele andere davor. Ich schließe mit einem Gedicht aus unserer Satzung:

„Ich bin tot, weil ich keinen Wunsch habe,
Ich habe keinen Wunsch, weil ich glaube zu besitzen,
Ich glaube zu besitzen,
weil ich nicht versuche zu geben,
Wenn du zu geben versuchst, stellst du fest,
dass du nichts hast;
Indem du feststellst, nichts zu haben, versuchst du,
dich selbst zu geben.
Wenn du etwas von dir selbst gibst, siehst du,
dass du nichts bist,
Wenn du siehst, dass du nichts bist,
wirst du dir wünschen zu werden;
Wünschend zu werden, beginnst du zu leben.“[8]

Endnoten:

[1] Rosenblatt, Kathleen Ferrick (1999): René Daumal. The Life and Work of a Mystic Guide. New York, S. 198.

[2] Der SPIEGEL 1964, Nr. 31 zur ersten deutschen Übersetzung im Karl Rauch Verlag.

[3] Der Analog, Suhrkamp, 1983, 1. Kapitel, S. 7.

[4] Nach Rosenblatt, a.a.O., S. 211.

[5] http://www.geographic.org/geographic_names/antname.php?uni=384&fid=antgeo_101, geöffnet am 6. Dezember 2016.

[6] Aus einer Abhandlung von René Daumal über den „analogischen Alpinismus“, wiedergegeben in dieser Ausgabe S. 107.

[7] Ebd. In dieser Ausgabe S. 102.

[8] Rosenblatt a. a. O., S. 216. Übersetzt aus dem Englischen durch den Verfasser des Nachworts.

DRP Rosenkreuz Verlag

Der DRP Rosenkreuz Verlag produziert gnostische Literatur im modernen Gewand und vertreibt die Bücher des niederländischen Verlages Rozekruis Pers in deutscher Übersetzung.

Bücher können und sollen gelebte Erfahrung nicht ersetzen, aber sie können an Wissen heranführen, das im Innern des Menschen verborgen liegt und wieder geweckt werden kann. So richtet sich die Literatur beider Verlage an philosophisch und religiös interessierte Menschen auf der Suche nach der Wahrheit hinter den Dingen; an Menschen, die nach dem Urgrund des Daseins fragen; Menschen, die ihren Lebenssinn nicht in der allgemeinen Gleichförmigkeit finden können; an Menschen mit Interesse an gnostischem Gedankengut in der Weltliteratur und an den großen Denkern der abendländischen Geistesgeschichte; vor allem aber an Menschen, die einen praktischen christlichen Einweihungsweg suchen und auch gehen wollen.

„Gnosis ist die Zusammenfassung der Urweisheit, der Inbegriff aller Erkenntnis, welche unmittelbar auf das ursprüngliche göttliche Leben hinweist. Aus dieser Umschreibung wird klar, dass sich die wahre Gnosis, die ursprüngliche Kenntnis Gottes, die dem Menschen Zugang verschafft zu dem Weg, der zur Erlösung führt, niemals auf ein bestimmtes Land oder auf ein bestimmtes Volk beschränkt. Im Gegenteil, die Gnosis ist universell und will die gesamte Menschheit umfassen. So wird sie auch überall in der Welt, wo die Botschafter des Lichtes wirkten und wirken, zur Offenbarung gebracht."

Aus „Die chinesische Gnosis" von Catharose de Petri und Jan van Rijckenborgh